本书系国家社科基金重大项目
"坚持和发展新时代'枫桥经验'推进法治社会建设"阶段性成果

中国法治指数报告
2023

CHINA RULE OF LAW INDEX REPORT 2023

钱弘道 等著

中国社会科学出版社

图书在版编目（CIP）数据

中国法治指数报告.2023／钱弘道等著.—北京：中国社会科学出版社，2023.11
ISBN 978-7-5227-2666-3

Ⅰ.①中… Ⅱ.①钱… Ⅲ.①社会主义法制—建设—研究报告—中国—2023 Ⅳ.①D920.0

中国国家版本馆 CIP 数据核字（2023）第 192827 号

出 版 人	赵剑英
责任编辑	张　林
责任校对	周晓东
责任印制	戴　宽

出　　版	中国社会科学出版社
社　　址	北京鼓楼西大街甲 158 号
邮　　编	100720
网　　址	http://www.csspw.cn
发 行 部	010-84083685
门 市 部	010-84029450
经　　销	新华书店及其他书店
印　　刷	北京明恒达印务有限公司
装　　订	廊坊市广阳区广增装订厂
版　　次	2023 年 11 月第 1 版
印　　次	2023 年 11 月第 1 次印刷
开　　本	710×1000　1/16
印　　张	12.75
插　　页	2
字　　数	146 千字
定　　价	79.00 元

凡购买中国社会科学出版社图书，如有质量问题请与本社营销中心联系调换
电话：010-84083683
版权所有　侵权必究

前　言

法治是人类文明进步的重要标志，是现代政治文明的核心，是中国共产党和中国人民矢志不渝的追求。

中华法制文明的历史源远流长。中华法系在世界法制史上独树一帜，显示了中华民族的伟大创造力和中华法制文明的深厚底蕴，凝聚了中华民族的精神和智慧。中国式法治现代化是从传统法制迈向现代法治的重大转型。

中国式法治现代化道路是中国共产党百年恢宏史诗中的壮丽篇章。中国共产党在长期艰苦卓绝的奋斗中独立自主选择法治现代化道路。在新民主主义革命、社会主义革命和建设时期，中国共产党对中国式法治现代化道路进行了艰难探索。1978年，在经历严重挫折后，党的十一届三中全会深刻总结正反两方面经验，作出了历史性决策，实现了新中国成立以来具有深远意义的伟大转折，开启了改革开放和社会主义现代化新时期，开启了中国式法治现代化新探索。

市场经济发展的每一步也是法治探索的每一步。1999年，《宪法》规定："中华人民共和国实行依法治国，建设社会主义法治国家。"中国式法治现代化迈出了具有里程碑意义的一步。

2012年，党的十八大标志着中国特色社会主义进入新时代。2013年，党的十八届三中全会实现改革由局部探索、破冰突围到系统集成、全面深化转变，开创了中国改革开放新局面。

2014年，党的十八届四中全会作出顶层设计和重大部署，明确全面推进依法治国总目标是建设中国特色社会主义法治体系，建设社会主义法治国家。2022年，党的二十大站在新的历史起点上总结了中国式现代化的成功经验，揭开了中国式现代化的崭新篇章，描绘了中国式法治现代化新蓝图，开启了中国式法治现代化新征程。中国式法治现代化是中国式现代化在法治领域的具体体现，是中国式现代化的重要组成部分，是人类政治文明的伟大创造，是人类法治文明的新形态。中国式法治现代化是中国共产党领导的社会主义法治现代化，既有各国法治现代化的共同特征，更有基于自己国情的中国特色，蕴含法治发展的内在规律。在法治轨道上全面建设社会主义现代化国家，必然要求一切从中国式现代化实际出发，确立中国法治的核心价值和指导思想，创新中国特色的社会主义法治理论。习近平法治思想是中国式法治现代化的指导思想。实践是检验中国式法治现代化成效和理论的唯一标准。以实践为鲜明特色的中国法治实践学派是中国式法治现代化的理论回应。

中国式法治现代化的新境界是建设一个人民满意的法治现代化强国。中国式法治现代化的出发点和落脚点只有一个，那就是人民的福祉。在全面推进中华民族伟大复兴的新征程中，中国式法治现代化将更好地体现人民利益，更好地反映人民愿望，更好地维护人民权益，更好地增进人民福祉。全体人民共同富裕将取得更为明显的实质性进展，全过程人民民主将得到更切实的体现，全民法治信仰将得到进一步增强。中国式法治现代化是人类法治的伟大实验，必将对人类法治进步产生深远影响。全面依法治国基础在基层，工作重点在基层。为记录中国基层法治发展进程，介绍中国基层法治的创新实践，分享中国式法治现代化建设经验，特发布本白皮书。

Preface

The rule of law is an important symbol of the progress of human civilization, appears as the nucleus of modern political civilization, and the unswerving pursuit by the Communist Party of China and the Chinese people.

Chinese legal civilization has a very long history. The distinctiveness of Chinese legal genealogy makes it stand out among various other legal traditions in the history of the world, demonstrates the extraordinary creativity of the Chinese nation and the profound heritage of the Chinese legal civilization and embodies the spirit and wisdom of the Chinese nation. The Chinese-style modernization of the rule of law designates a major transition from a traditional legal system to modern rule of law.

The Chinese-style modernization constitutes a glorious chapter in the epic of the CPC's century-long endeavor. The CPC has independently chosen its path to the modernization of the rule of law throughout its long and arduous struggle. During the New Democratic Revolution, as well as the Socialist Revolution and Construction, the CPC has undertaken an arduous exploration of the road to modernizing the rule of law in China. In 1978, after several serious setbacks, the Third Plenary Session of the 11th Central Committee of CPC comprehensively summed up both positive and negative experiences; it made the historic strategic decision to perform fundamental and far-reaching change, which had seldomly been done since the founding of the People's Republic, ushering in a new period of reform and opening-up and socialist modernization, launching a new round of exploration of the Chinese-style modernization of the rule of law.

A step forward to a developed market economy is a step forward on the path to exploring the rule of law. The 1999 Constitutional Amendment stipulates that "the People's Republic of China shall practice law-based governance and build a socialist state under the rule of law." Another landmark step was thereby taken in the Chinese modernization of the rule of law. The 18th CPC Congress of 2012 signified the advent of the New Era of the development of Socialism with Chinese Characteristics. In 2013, the Third Plenary Session of the 18th Central Committee of the CPC opened new grounds for reform and opening-up, moving from partial exploration and scattered breakthroughs to systematic integration and comprehensive deepening. In 2014, the Fourth Plenary Session of the 18th CPC Central Committee made a top-level design and major deployment, making it clear that the overall goal of comprehensively advancing the rule of law is to build a socialist rule of law system with Chinese characteristics and a socialist rule of law state. In 2022, the 20th National Congress of the Communist Party of China, standing at a new historical starting point, conducted a thorough review of the positive experience of exploring Chinese Modernization, unveiled a brand new chapter of Chinese Modernization, depicted a new blueprint, and started a new journey on the Chinese modernization of the rule of law.

The Chinese-style modernization of the rule of law specifically manifests the Chinese-style modernization in the field of the rule of law, constitutes an important part of Chinese-style modernization, appears as a great creation of human political civilization, and a new form of human civilization of the rule of law. The Chinese-style modernization of the rule of law, a socialist modernization of the rule of law under the leadership of CPC, shares the common features of modernization of the rule of law in various countries and also carries Chinese characteristics that are derived from conditions in China, and accommodate the inherent laws of the rule of law's development in China. Building a modern socialist country in all respects, on the way of the rule of law, inevitably requires to based every move on the actual conditions of Chinese-style modernization, to establish the core values and guiding ideology of the Chinese rule of law and to innovate theories on the socialist rule of law with Chinese characteristics. Xi Jinping Thought on the Rule of Law is the guiding ideology of the path. Practice is the sole criterion for testing the effectiveness and theory of the path. The China School of Rule of Law Practice, characterized by its emphasis on practice, is an academic reflection of the exploration of the Chinese modernization of the rule of law.

The new frontier of the Chinese-style modernization of the rule of law is to build a great modern country under the rule of law that meets the people's expectations. The Chinese-style modernization of the rule of law starts and ends at the same point: the people's well-being. On the new journey to the Great Rejuvenation of the Chinese Nation on all fronts, the Chinese-style modernization of the rule of law leads to more efficient enhancement of the people's interests, more timely responses to the people, more powerful protection of the people's rights, and more substantial improvement of the people's well-being. The people's well-rounded development and prosperity will be promoted with more notable progress; the whole-process people's democracy will be achieved with more substantive improvements; the people's faith in the rule of law will be further strengthened for all. The Chinese-style modernization of the rule of law is a great experiment in humanity's undertaking of the rule of law. It will profoundly determine its progress.

The foundation of comprehensive law-based governance lies at the basic level, and so does the key emphasis of the work towards it. To commemorate China's advancements of the rule of law at the basic level, to introduce China's innovative practices of the rule of law at the basic level, and to share the experience in exploring the Chinese-style modernization of the rule of law, this white paper is hereby published.

目　录

一　量化法治和数字法治 …………………………………（1）

二　党委依法执政 …………………………………………（17）

三　政府依法行政 …………………………………………（37）

四　司法公平正义 …………………………………………（71）

五　全民尊法守法 …………………………………………（101）

六　法治监督健全 …………………………………………（126）

七　法治保障有力 …………………………………………（143）

八　人民群众满意 …………………………………………（163）

结　语 ………………………………………………………（183）

附录　2023法治指数样本县名单 …………………………（185）

后　记 ………………………………………………………（189）

一　量化法治和数字法治

中国式法治现代化道路是中国共产党领导人民经过长期探索和伟大实践而成功走出的一条唯一符合中国国情的正确道路。"中国式"准确地表达了中国式法治现代化的实践特征。"坚持从中国实际出发"是全面推进依法治国的基本原则之一，也是中国式法治现代化的实践性体现。与中国式法治现代化的实践路线相呼应，中国法治理论研究走了一条从规范研究到实证研究、从吸收借鉴到自主创新、从抽象思辨到实践提炼的转型路线。中国法治理论研究逐渐摆脱教条主义的羁绊，走向以"实践"作为核心考量的实践主义，形成了实践法治观、系统法治观和实效法治观三位一体的初步构架。中国法治实践学派的产生就是一个标志。中国法治实践学派坚持实践主义，反对教条主义，旨在整体重构法治理论范式，推动中国法学的实践转向。量化法治和数字法治实验是中国法治实践学派走向实践、推动法治实践发展的行动之一。量化法治和数字法治从一个崭新的角度印证了中国法治实践和理论转型路线的形成轨迹。量化法治是实践中形成的中国式法治现代化行之有效的推进机制。在数字化时代，数字法治成为量化法治新的表现形态。[①]

（一）量化法治

量化法治是相对于传统非量化法治而言的。传统法治没有量化范畴，量化法治概念无疑是一种突破。法治量化评估是量化法治的方式之一。法治指数是法治量化研究的重要组成部分。法治指数是指利用社会学、统计学方法，用量化的数据来衡量一个国家或地区法治化水平。法治指数在中国的出现，意味着数据革命已悄然进入法治领域，也成为量化法治的开端。

1. 量化法治的产生

法治指数产生的背景是时任浙江省委书记的习近平同志主持实施"法治浙江"系统工程。2006年2月8日，习近平同志专程到杭州市余杭区专题调研"法治浙江"建设工作。习近平同志强调，在建设"法治浙江"进程中，各级党委、政府要从坚持科学执政、民主执政、依法执政的战略高度，进一步提高推进基层法治建设重要性和紧迫性的认识，坚持工作重心下移，把基础放在基层、重点放在基层、关爱送到基层，切实加强基层依法治理工作，不断巩固党在基层的执政基础。[②] 2006

[①] 第一部分关于量化法治和数字法治参见钱弘道、康兰平等《数字法治的基本原理和实践进路》，《浙江大学学报》（人文社会科学版）2022年第9期。

[②] 参见周咏南《加强基层依法治理 提高基层法治水平》，《浙江日报》2006年2月9日，第1版。

年4月26日，在习近平同志主持下，中共浙江省委十一届十次会议作出《关于建设"法治浙江"的决定》，率先全面启动"法治中国"建设在省域层面的实践探索。县域法治指标体系设计同时启动，法治量化评估率先在余杭开展。2008年，余杭法治指数作为中国内地第一个法治指数正式发布，这可以视为量化法治和非量化法治的分水岭。从非量化法治到量化法治的发展是中国法治建设的重大跨越。2007年，"法治余杭"量化评估体系开全国之先河，入选浙江改革开放三十年典型事例100例。2016年，余杭推行法治指数入选"浙江省十大法治事件"。

2013年，《中共中央关于全面深化改革若干重大问题的决定》强调："建设科学的法治建设指标体系和考核标准"[①]。法治量化评估成为推动法治中国建设的抓手，成为全面推进依法治国的倒逼机制，成为中国法治发展的增长点，并在实践中不断发挥重要作用。法治建设不再停留在定义和定性阶段。法治量化评估推动了法治领域量化思维的形成和量化方法的广泛应用。以法治量化评估为代表的量化法治成为法治建设的基本趋势。在法治建设中，领导"拍脑袋"决策情况逐步得到限制，依据数据决策逐步得到强化，法治建设逐步朝着科学化方向发展。

量化法治历经十余载的探索，已经从最初的地方实验发展成为推动国家法治实践进程的有力抓手，成为具有鲜明中国特色的法治机制。

---

① 《中共中央关于全面深化改革若干重大问题的决定》，人民出版社2013年版，第32页。

2. 法治指标和评估方式

指标是目标和任务的精准化表达。法治目标不能停留在定性上，而应该尽量做到定量。法治指标设计是一个定性定量的分析过程。法治指标要与时俱进，要随着法治的发展而不断修改完善，不断科学化。一方面，法治指标要具有相对稳定性；另一方面，法治指标是一个动态发展的过程。县域法治指标的设计要切合县域法治建设的实际。根据中国法治体系的内涵和县域法治的特点，县域法治一级指标可设为党委依法执政、政府依法行政、司法公平正义、全民尊法守法、法治监督健全、法治保障有力六个维度。省域和具有立法权的市域法治一级指标则相应增加立法板块。法治指标可以分为综合指标和专项指标。专项指标由综合指标层层分解而构成。法治有共性指标，也有个性指标。指标设计要兼顾共性指标和个性指标。法治指标设计的目标是构架一个横向到边、纵向到底的全方位的指标体系。

法治量化评估有两种方式：内部考核和外部评估。外部评估也有两种模式：一种是政府委托；另一种是完全独立。当下中国，内部考核要常抓不舍，外部评估则需要不断强化。在相当长时间内，内部考核和外部评估相结合的方式是中国法治评估的基本方式。政府委托的第三方评估是当前外部评估的主要模式，这是中国现阶段法治资源实际情况所决定的。第三方评估主体的力量离法治实践需求存在差距。数据资源公开的局限性也在一定程度上对完全独立的第三方评估工作带来困难。总体看，中国高校科研单位的量化法治评估队伍不断壮大，社会组织正在不断发展，第三方评估的作用越来越大是必然趋势。

3. 法治量化评估的作用

法治量化评估具有倒逼作用，表现在：一是通过指标设计明确目标；二是通过监测评估形成监督；三是通过横向比较形成激励。从目标角度来看，法治量化评估通过定性定量分析，将法治建设目标形成逻辑自洽的具有可操作性的指标体系，从监督角度来看，法治量化评估形成三方面的监督：一是自评——自己监督自己；二是内部考核——上级监督下级；三是外部评估——第三方监督。从激励角度来看，法治量化评估形成了县域、市域、省域之间的法治竞争效应。这与经济竞争模式形成对应。法治竞争和经济竞争齐头并进，法治竞争力和经济竞争力双向增强。

中央顶层设计强化了法治量化评估的倒逼机制功能。2014年，《中共中央关于全面推进依法治国若干重大问题的决定》要求："把法治建设成效作为衡量各级领导班子和领导干部工作实绩重要内容，纳入政绩考核指标体系。"[①] 2016年，中共中央办公厅、国务院办公厅印发的《党政主要负责人履行推进法治建设第一责任人职责规定》明确规定了党委主要负责人和政府主要负责人在推进法治建设中应当履行的主要职责，将履行推进法治建设第一责任人职责情况列入党政主要负责人年终述职内容，纳入政绩考核指标体系，并开展定期检查、专项督查。党政主要负责人不履行或者不正确履行推进法治建设第一

[①]《中共中央关于全面推进依法治国若干重大问题的决定》，人民出版社2014年版，第36页。

责任人职责的，应当依照《中国共产党问责条例》等有关党内法规和国家法律法规予以问责。《法治中国建设规划（2020—2025年）》规定："各级党委要将法治建设与经济社会发展同部署、同推进、同督促、同考核、同奖惩。研究制定法治建设指标体系和考核标准。加强对重大法治问题的法治督察。"[1]《法治政府建设实施纲要（2021—2025年）》规定："建立健全法治政府建设指标体系，强化指标引领。加大考核力度，提升考核权重，将依法行政情况作为对地方政府、政府部门及其领导干部综合绩效考核的重要内容。"[2]《法治社会建设实施纲要（2020—2025）》要求："充分发挥考核评价对法治社会建设的重要推动作用，制定法治社会建设评价指标体系。健全群众满意度测评制度，将群众满意度作为检验法治社会建设工作成效的重要指标。"[3] 在中央的统一部署下，各地法治建设推进力度明显加大，倒逼效果突出，法治考核逐步成为常态化推进机制。各地涌现出一大批具有法治自觉性的有担当精神的"法治责任第一人"。但也有一些地方领导干部跟不上时代要求，缺乏良好的法治素养，忽视法治量化评估机制的作用，或者内心抵触法治内部考核和第三方评估，甚至认为束缚了手脚。这样的领导干部不适应全面推进依法治国的要求。

---

[1] 《法治中国建设规划（2020—2025年）》，2021年1月10日，中国政府网。

[2] 《法治政府建设实施纲要（2021—2025年）》，2021年8月11日，中国政府网。

[3] 《法治社会建设实施纲要（2021—2025年）》，中国法制出版社2021年版，第20页。

（二）数字法治

量化法治的发展瓶颈是数据。只有到了大数据时代，才能实现充分意义的量化法治。数字化推动了量化法治转型，也催生了数字法治。如果说，法治指数的出现代表了量化法治或数据思维的开端，那么，数字法治则代表了量化法治的跃升阶段。

1. 数字法治的形成

数字化对法治实践带来的挑战前所未有。数字法治的形成是量化法治实践发展到数字化转型阶段的必然结果，是数字化技术得到广泛应用的产物，是大数据全方位渗透法治的客观事实。正是数字化的核心要素——大数据的渗透推动了量化法治转型。

20世纪90年代以来，世界上发生了意义深远的数字革命。美国国会、政府先后出台了一系列的政策法律法规，积极实施大数据国家战略，推动了数字经济发展。较近的例子是欧盟《数字市场法案》《数据治理法案》，美国和欧盟《跨大西洋数据隐私框架》相继出台。2014年，大数据首次写入中国政府工作报告，这可以视为中国进入数字化转型的标志。2021年，"十四五规划"要求加快建设数字经济、数字社会、数字政府，以数字化转型整体驱动生产方式、生活方式和治理方式变革。[①]

---

① 参见《中华人民共和国国民经济和社会发展第十四个五年规划和2035年远景目标纲要》，2021年3月13日，中国政府网。

与"数字中国""数字经济"相应,"数字法治"成为法治建设的重大主题。利用数字化技术推动国家治理现代化正在全方位渗透法治建设。数字化所体现的不仅是一场技术革命,更是一场思维革命。数字化是法治发展的增长点,是推动法治创新发展的新动力。数字化为法治理想类型的形塑提供了动能基础。数字化正在将量化法治的初级阶段推进到以数字法治为新形态的高级阶段。数字法治既是数字化的时代命题,也是我们试图捕捉法治理想形态精髓以及预测未来法治发展图景的必经途径。

"智慧法治""数字法治""互联网+"等在中央文件中作为专门术语出现意味着一种全新的数字法治新形态的形成已经成为不争的事实。《法治中国建设规划(2020—2025年)》提出全面建设"智慧法治",规定:"充分运用大数据、云计算、人工智能等现代科技手段,全面建设'智慧法治',推进法治中国建设的数据化、网络化、智能化。优化整合法治领域各类信息、数据、网络平台,推进全国法治信息化工程建设。"[1]《法治政府建设实施纲要(2021—2025年)》提出:"健全法治政府建设科技保障体系,全面建设数字法治政府"[2]。《法治社会建设实施纲要(2020—2025年)》要求:"推动大数据、人工智能等科技创新成果同司法工作深度融合,完善'互联网+诉讼'模式,加强诉讼服务设施建设,全面建设集约高效、多元解纷、便民利民、智慧精准、开放互动、交融共享的现代化

---

[1] 《法治中国建设规划(2020—2025年)》,2021年1月10日,中国政府网。
[2] 《法治政府建设实施纲要(2021—2025年)》,中国法制出版社2021年版,第21页。

诉讼服务体系。""加强公共法律服务实体、热线、网络三大平台建设，推动公共法律服务与科技创新手段深度融合，尽快建成覆盖全业务、全时空的公共法律服务网络。"①《中共中央、国务院关于支持浙江高质量发展建设共同富裕示范区的意见》提出"强化数字赋能，聚焦党政机关整体智治、数字经济、数字社会、数字政府、数字法治等领域，探索智慧治理新平台、新机制、新模式"②。中央政策强力驱动了数字法治的发展。

2. 数字法治的实践逻辑

数字法治生成的实践逻辑具体表征为技术支撑、场景应用和实效指向。从技术支撑看，数字化技术在法治建设中的支撑作用越来越明显，数字化技术的广泛运用印证和焕发了法治系统工程的生命力和实践力。从场景应用看，立法、执法、司法、守法各个领域都被大数据渗透，各种场景建设正在迭代升级。从实效指向看，各种场景应用在实践中发挥出传统法治模式无法想象的作用。如大数据技术推动回应型和预测性立法成为可能，由此便可突破立法滞后和实效不足难题；通过云计算、物联网、大数据等技术精准分析和定位问题所在，提升执法监管效能和实施效率正在逐步变成事实；运用大数据和人工智能等技术建立"不会变通""懂得分享""智能决策"的系统，将要素化、结构化的标准嵌入办案系统，倒逼公检法规范

---

① 《法治社会建设实施纲要（2020—2025 年）》，中国法制出版社 2020 年版，第 11 页。

② 参见《中共中央 国务院关于支持浙江高质量发展建设共同富裕示范区的意见》，国务院公报 2021 年第 18 号，2021 年 6 月 10 日，中国政府网。

证据使用和司法行为，由此提高司法效率，这正在成为一种趋势。数字化技术正在改变人们的生活方式和行为模式，民众法治精神的形塑模式正在发生重大变化。可见，数字化转型催生数字法治是当今法治实践发展的必然逻辑。数字法治是正在发生的制度实践和社会空间域态。

3. 数字法治的概念

我们可以这样定义：数字法治是运用数字化技术实现资源快速优化配置、推动法治高效发展的法治新形态。更简单的表达可以这样概括：数字法治是以数字化技术为支撑的法治新形态。数字法治强调的是经由大数据这一工具性手段分析法治的实践运行，探求法治运行规律，提升法治实施的真实效果，实现基于数据驱动的法治决策变革。

数字法治的核心元素是数据。大数据是数字法治的核心驱动力。我们在数字法治中真正面对的是"数据"和"数据权利"。"数据权利"兼具人格权和财产权。数字法律规范体系要围绕"数据权利"展开。数据是可以表示一切客观事物的素材。世界的本质可以表现为数据，以大数据为核心的社会形态正在形成。我们通过物联网、移动互联网、智能终端、大屏显示系统、云计算平台等的综合应用，充分发挥大数据在经济和社会发展中的作用，人类的生活因此而改变。

数字法治是一个崭新的概念，将深刻影响未来法治发展的格局。客观上，只有运用"量化法治""数字法治""大数据法治""智慧法治"这类新概念，才能精炼形象地描述正在出现的法治新形态，才能适应数字化技术带来的法治形态变化。

传统法治术语、理论、逻辑已经无法满足新时代需要，无法有效诠释法治新现象，无法引导和支撑法治新实践。

4. 数字法治的特征

数字法治新形态在实践中已经初步形成。场景应用已经初步体现数字法治的形态特征。数字法治具有区别于传统法治的鲜明形态特征。数字法治是制度重构、流程再造、系统重塑，与传统法治的松散结构形成鲜明对比。

数字法治具有智慧、精准、高效特征。首先，数字法治是一种集成式"智慧型法治"，传统法治不具备这种"智慧型"特征。大数据技术的应用体现了一种"大成智慧"，是"量智"和"性智"的有机结合。大数据技术的集成智慧特征要求多方协作，否则就无法挖掘数据背后隐藏的价值。其次，数字法治是"精准型法治"，传统法治是"粗放型法治"。数字法治依托于数据的挖掘和分析，能够克服粗放型、植入型法治实践样态的弊端，最大程度地接近预测法治运行规律的目标，实现精准法治。再次，数字法治是"效率型法治"。数字赋能的法治效率非传统法治机制可比。传统法治推进方式常常表现为资源浪费和低效。数字法治通过技术工具高效配置公权和私权，使人们以前所未有的精准性把握法治建设的实施效果，克服存在的短板以及盲目性，提升法治实施效率。数字法治具有的智慧、精准、高效特性反映"法治大脑"的核心能力，综合体现出一个国家或地方政府的"治理能力"和"法治能力"。

5. 法治系统工程

全面推进依法治国是一个系统工程。数字法治的出现使法治系统工程呈现出前所未有的变化。这种变化既体现在内在机理上，也体现在运行方式上。法治系统工程与数字法治是包含和被包含的关系。如果说法治系统工程是法治总结构的一种静态和动态描述，那么数字法治就是法治系统工程的一种面向或表现形态。

数字化为法治系统工程创造了机遇和条件。中国已经进入以数字化技术为支撑的法治系统工程时代，大数据成为法治系统工程的灵魂。大数据是最接近映射真实世界的手段，唯有大数据才能完成复杂系统规律挖掘与行为预测。大数据使破解长期以来法治系统工程面临的技术性难题成为可能。数字法治正在成为法治系统工程持续发展的具体表现。数字法治的逻辑、数据、技术三大要素能够推动法治系统工程从学理建构落实为具象的制度实践和运行模型。数字法治正在从全新的视角印证法治系统工程的理论可行性和实践可操作性。法治系统工程就是统筹思想或系统观的具象集成，就是通过实现局部与局部、局部与整体之间的关系协调和相互配合，实现全国法治资源配置最优化，实现"全国一盘棋"。《法治中国建设规划》是法治系统工程的纲领性规划，数字化转型是通过数字赋能实现法治系统工程的具体推进。数字法治场景应用表现在立法、执法、司法、守法的具体实践领域，实际上就是法治系统工程的具体面向。

（三）法治指数监测平台

数字法治可以分为业务场景和评价场景两条进路。法治指数监测平台是数字化评价场景。业务场景通过评价场景实现优化。浙江大学联合阿里云计算有限公司、浙江省公众信息产业有限公司、华为计算有限公司、杭州天阙计算技术有限公司、浙江超级码股份有限公司、上海华院计算有限公司、浙江非线数联科技股份有限公司、航天神州智慧系统技术有限公司等技术单位联合攻关，旨在建立依靠数据预警和决策的法治动态化和常态化机制。

1. 法治指数监测平台的意义

法治指数监测平台是以指数为核心，综合应用大数据、人工智能等新技术开发智能分析模型，构建法治建设"数据归集、实时监测、分析评估、处置交办"的全流程闭环系统。法治指数监测平台以法治逻辑为结构，以量化和标准化为工具，以数字化平台为中枢，以数据为核心元素，以动态监测分析预警为常态，以解决问题为依归。

法治指数是数字化转型的最佳表达。如果说数字法治作为法治领域数字化具有统摄性概念的话，那么，法治指数可以作为数字法治"大脑"的中枢。数据只有通过规范形式的表达，才能实现数字化。指数是最恰当的规范表达形式。指数即结果，客观反馈法治水平。指数即驱动，推动法治标准化和数字化。指数即决策，通过数据驱动政府决策科学化。指数即发展，以数据为驱动，促进数智化创新发展。

法治指数监测平台是数字法治的核心逻辑的呈现。法治指数监测平台在数字法治中具有统筹性。法治指数监测平台建立在全方位的法治目标和指标体系基础上。法治指数监测平台是把物理形态的信息转变成虚拟形态的数字，汇聚全方位、全过程、全领域的数据实时流动与共享，实现法治的结构化、标准化、场景化、数据化，推动数字化技术与法治实践的真正融合，实现传统法治的变革和重构。因此，法治指数监测平台适应了法治数据标准化、数据应用规范化、法治精细化、风险预警实时化等一系列数字法治发展的需要。

2. 法治指数监测平台的构成

法治指数监测平台主要由数据资源、应用支撑和业务应用等体系构成。第一，数据资源体系就是以规范数据标准化建设为主要内容的基础建设，实现多跨协同的数据治理。数据资源体系按照法治指数监测要求通过数据的归集和标准化整理，实现数据的实时和准确；同时，围绕数据的全生命周期建立数据安全防护链，覆盖数据采集、数据存储、数据传输、数据处理、数据交换、数据销毁。第二，应用支撑体系是业务处理中心，实现指数模型的动态配置和智能预警模型的动态配置，可以适应多场景应用及复杂场景下的快速配置，从而实现随场景的动态匹配机制。第三，业务应用体系是处置与展现界面，由运行总览、考核评价、智能预警、分析报告中心等模块组成。

法治指数监测平台包括综合指数监测、专项指数监测、新时代"枫桥经验"指数监测以及矛盾纠纷预警处置等模块。各模块可根据实际情况按需建设。因为指标体系会根据形势的变化随时调整，所以各指数监测模块均设计成可动态配置。法治综合指数是全方位的法治评估，反映的是法治建设的整体状况。法治综合指数包括法治全部维度。县域法治综合指数包括党委依法执政、政府依法行政、司法公平正义、全民尊法守法、法治保障监督、法治保障有力六个板块的全方位监测。在省域和具有立法权的市域增加立法民主科学板块。法治专项指数板块用来测评更具体的法治领域发展水平，例如营商法治环境指数监测板块、公共法律服务指数监测板块等。综合指数和专项指数属于包含和被包含的关系。专项指数是综合指数的细分内容。专项指数可以细分或通过耦合，形成更优颗粒度、更优准确度的专项指数，精准评判具体领域的法治水平。

3. 法治指数监测平台的功能

法治指数监测平台建立"红黄蓝绿"四色风险预警反馈制度，对高风险区域、领域和环节进行实时预警。监测平台通过全方位数据归集，做到全要素监测预警，实现全流程闭环管理。法治指数监测平台建立法治专题数据库，通过全维度智能分析，提供客观、精准的决策依据。法治指数监测平台以月为节点，定期输出法治评估，对民众问题诉求、法治建设短板进行梳理、汇总、分析，以制度机制补齐工作短板。

法治指数监测平台内嵌"法治码"应用，整合优化面向社会、面向群众的涉法公共事务办理平台，完善便民服务功能，集成法律咨询、线上调解、法律援助、公证鉴定、消费投诉、"一码解纠纷"等法治便民线上服务功能，并提供各类线下网点地图方便群众接受实体服务，提高服务标准化、规范化、便利化程度。服务端为公众参与提供便利，推进立法参与、执法参与、司法参与、社会共治，健全意见建议采纳和反馈机制，通过平台发放电子问卷等方式，及时收录群众意见，了解群众法治需求，回应群众诉求。服务端设置"数字普法"功能模块，通过全媒体、多平台数字普法新模式，实现普法效能的闭环评估。由此，通过实现评价场景、业务场景贯通，数字法治成为一个完整系统。

法治指数监测平台坚持用数据说话、用数据决策、用数据创新，用数据衡量法治建设实效，为县域法治提供客观、科学、精准的优化路径，引导县域法治建设良性发展，形成数字法治建设经验，推动全国县域法治发展。

二　党委依法执政

"依法执政"是中国共产党治国理政的基本方式。中国共产党执政以来，经历了以政策为主、政策法律并举到把依法治国作为执政方式的根本转变。坚持党委依法执政是中国共产党对执政规律不断深化认识的科学总结。

全面推进依法治国，必须坚持依法治国、依法执政、依法行政共同推进，坚持法治国家、法治政府、法治社会一体建设，坚持依法治国和依规治党有机统一。党委依法执政是依法治国的政治前提和组织保障。党委依法执政，最重要的是党的各级组织和领导要带头维护宪法和法律的权威，并督促、支持和保证国家机关依法行使职权。党委依法执政，要求各级党委必须坚持党的领导，必须依法决策，必须从严治党。

党委依法执政下设"党的领导""依法决策""从严治党"三个二级指标。

（一）指标释义

1. 党的领导

坚持中国共产党的领导，是中国人民从长期奋斗中得出的结论。一百多年来，中国共产党团结带领中国人民经受各种风险考验建立了新中国，创造性地实行改革开放并取得了社会主义现代化建设的伟大成就。因此，"党的领导"是国家的根本所在，是全国各族人民的利益所系、命运所系，是实现中华民族伟大复兴的根本保证。全面推进依法治国，必须坚持党的领导、人民当家作主、依法治国有机统一。在坚持党的领导这个重大原则问题上，全党全国必须保持高度的思想自觉、政治自觉、行动自觉，丝毫不能动摇。坚持党的领导，要抓住领导干部这个"关键少数"。坚持党的领导，要求党的领导干部深入学习贯彻习近平法治思想，带头学法、尊法、守法，落实领导干部述法工作，把宪法法律学习列为党委（党组）理论学习中心组学习的重要内容，纳入党和国家工作人员培训教育体系。坚持党的领导，必须不断加强党内各部门的法治建设，落实法治工作汇报与法治建设议事协调机制。

2. 依法决策

"依法决策"是党的重大决策能遵循宪法、法律、广泛汲取民意、反映人民群众现实需求的制度安排。依法决策是保障党的重大决策的科学性、民主性的根本前提。依法决策直接影响决策质量、关系法治权威。各级党委在国家治理中发挥着统一领导作用，党委决策的法治化是推进国家治理现代化的关键。加强党委决策的法治化、规范化和程序化建设，是贯彻依法治国战略的重要手段。

党委依法决策，必须健全党委议事规则和决策程序，必须完善党内决策的专家论证与风险评估机制，必须严格依据法定权限决策，必须严格做到议题合法、程序合法、决议合法，发挥好保证执法、支持司法和带头守法的重要作用。依法决策，要求加强对党委重大决策的合法性审查，并严格党的规范性文件备案审查工作。

3. 从严治党

坚持"从严治党"是确保党和国家事业顺利发展的政治保障，是全面推进依法治国方略的政治引领和组织保障。治国必先治党，治党务必从严。

全面从严治党是党的十八大以来党中央作出的重大战略部署，是"四个全面"战略布局的重要组成部分。中国共产党自成立以来一贯重视从严治党，通过整党整风、党内思想教育，不断解决党内存在的思想、组织、作风等方面的问题。这种严格要求和从严治理，保证了党的团结统一，保证了党始终保持先进性和纯洁性。《中国共产党章程》明确规定"坚持党要管党、全面从严治党"。《法治中国建设规划（2020—2025年）》规定："坚持党要管党、全面从严治党，以党章为根本，以民主集中制为核心，不断完善党的组织法规、党的领导法规、党的自身建设法规、党的监督保障法规，构建内容科学、程序严密、配套完备、运行有效的党内法规体系；强化监督检查和追责问责机制，将党内法规执行情况作为各级党委督促检查、巡视巡察重要内容，严肃查处违反党内法规的各种行为。"① 全面从严治党要求坚持以零容忍态度惩治腐败，认真严厉查处党委工作人员的违法违纪行为，坚持纠正一切损害群众利益的腐败和不正之风，加大对违纪违规现象查处力度，运用科技手段加强廉政风险防控，坚持不懈地把全面从严治党向纵深推进，营造风清气正的政治生态。

（二）数据分析

1. 党委依法执政数据的整体分析

样本县在"党委依法执政"一级指标的得分为83.31分；二级指标"党的领导""依法决策""从严治党"得分分别为84.61分、82.26分、82.31分，基本趋于平衡。如表2.1所示。

表2.1　　　"党委依法执政"一级/二级指标整体得分情况

指标名称	平均分	最高分	最低分	中位数
党委依法执政（一级指标）	83.31	88.78	78.94	83.11
党的领导（二级指标）	84.61	91	79	84.50
依法决策（二级指标）	82.26	87.86	76.43	82.29
从严治党（二级指标）	82.31	90	78	82

在参与测评的样本县中，有18个样本县党委依法执政指标得分在优秀区间，有22个样本县得分在85分至90分之间，有

---

① 《法治中国建设规划（2020—2025年）》，2021年1月10日，中国政府网。

77个样本县得分在80分至85分之间，分别占全体参评样本县的15.38%、18.81%、65.81%，如图2.1所示。

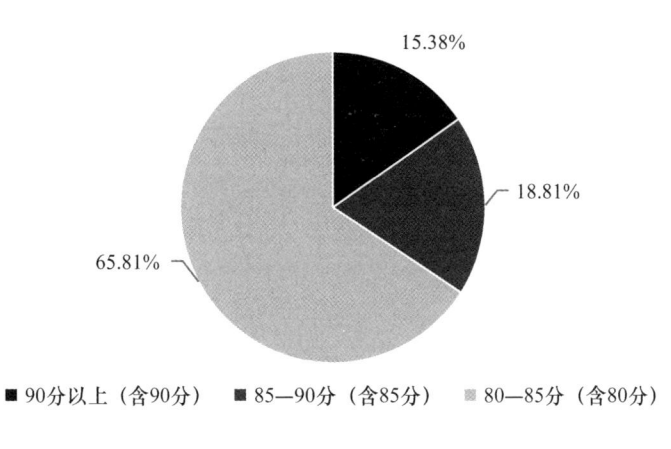

图2.1 党委依法执政一级指标得分分布

在省域层面，党委依法执政指标得分在85分以上的样本县分布于北京（2个）、河北（1个）、山东（1个）、山西（1个）辽宁（1个）、吉林（1个）、安徽（1个）、江苏（2个）、上海（3个）、浙江（10个）、福建（4个）、湖南（4个）四川（1个）、重庆（2个）、广东（2个）、海南（1个）、甘肃（1个）、新疆（1个）、宁夏（1个）。从数据和相关资料来看，在各样本县整体成绩良好的情况下，上述地区样本县党委普遍重视法治宣传教育，积极组织学习习近平法治思想，深入学习和宣传宪法，强化宪法权威，推动宪法精神深入人心；同时积极推动地方法治建设，完善法律实施机制，注重提高党员干部的法治意识和法治素养，强调建立健全法治监督机制，预防违法乱纪行为的发生，维护社会稳定和公平正义。

在县域层面，党委依法执政指标得分在80分以上的样本县分布于浙江省、江苏省、江西省、广西壮族自治区、青海省、安徽省、河北省、云南省、宁夏回族自治区、贵州省、黑龙江省，其中浙江省、江苏省得分较高的样本县数量较多，党委依法执政工作成效显著。结合相关资料可以发现，得分较高的地方一般重视通过带头学法、带头知法、带头用法、带头守法推进党委依法执政工作。同时，调研发现，有的地方虽然重视上级要求，但在具体工作的实施过程中缺少创新的工作思路和积极有效的方案，在各方面公开的资料中缺乏可圈可点的做法。

样本县在党委依法执政指标下的三个二级指标得分情况，如图2.2所示。

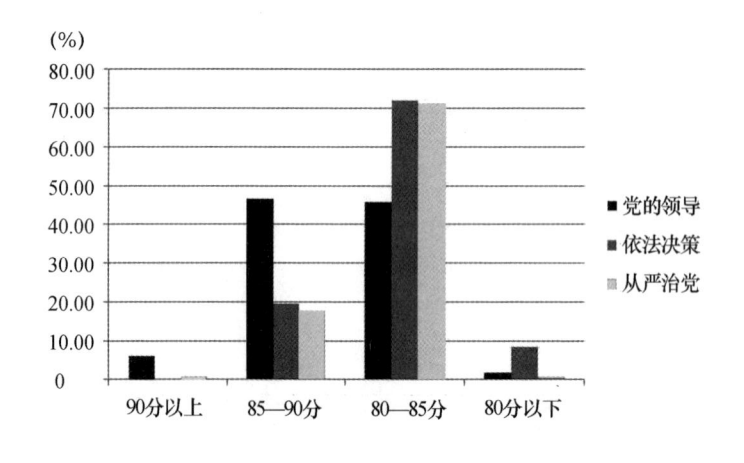

图2.2 "党委依法执政"二级指标得分对比

数据表明，样本县在"党的领导"指标分数集中于80—90分，得分80分以下及90分以上的样本县极少。"依法决策"和"从严治党"得分优良率占比较高，但同时依法决策指标得分80分以下的样本县也相对多。这表明各样本县在坚持党的领导工作中整体表现趋于均衡，均能严格贯彻。党的十八大以后，党中央

二 党委依法执政 / 23

部署从严治党的行动卓有成效，直接推动了各地从严治党方面的工作。另外，根据部分资料反映，虽然全国各基层党委在推进党的依法决策方面的工作整体成效不错，但是不乏一些地方党委对依法执政、依法决策的重要性认识仍不足，对党委领导及其权责的规范性明确不足；个别领导干部对依法执政、依法决策的规范性认识仍存在误区；有的地方领导干部学法走形式，缺少自觉性；有的地方党委对党的规范性文件的审核水平不高、纠错力度不够。

在党委依法执政下的三级指标中，"党的规范性文件备案审查纠错率"及"党委重大决策合法性审查率"这两项指标各样本县得分差距不大，最低分、平均分、中位数趋于一致，数据表明，样本县在这两项工作中的表现水平相对接近。

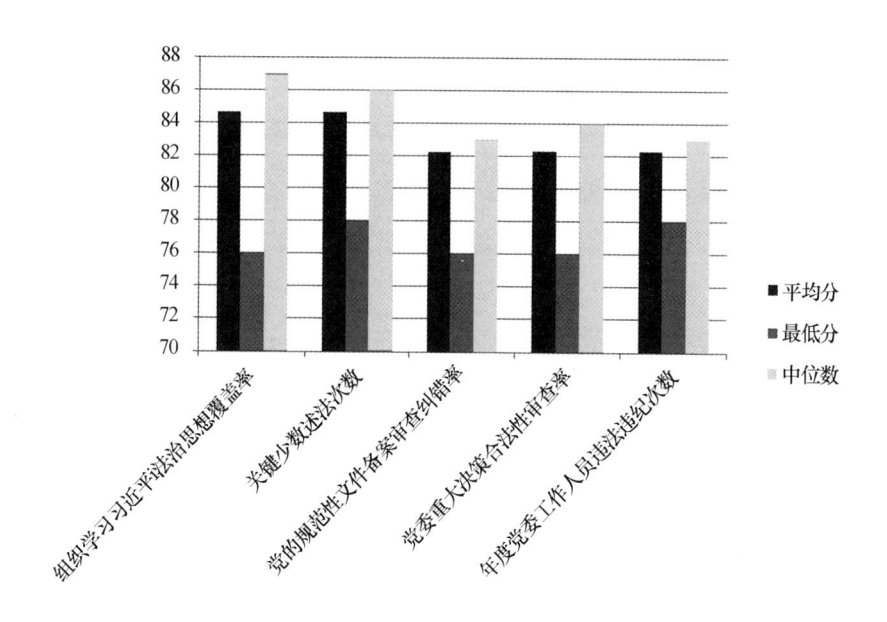

图 2.3 "党委依法执政"各单项指标得分对比分析

值得注意的是，样本县在"关键少数述法次数"和"年度党委工作人员违法违纪次数"这两个指标的最低分相对偏多，这说明各地在落实这两个指标的具体措施和推动力度存在差距。

2. 党委依法执政若干单项工作指标分析

（1）组织学习习近平法治思想覆盖率

样本县"组织学习习近平法治思想覆盖率"平均得分为84.61分，处于较高水平。多数样本县，例如浙江省湖州市德清县，山东省东营市广饶县，山西省晋中市平遥县，北京市东城区、延庆区，新疆维吾尔自治区阿勒泰地区布尔津县，吉林省通化市梅河口市等，年度组织学习习近平法治思想覆盖率为100%。其中一些样本县表现非常突出，例如江苏省镇江市扬中市达到15次，广东省佛山市南海区30次，宁夏回族自治区固原市西吉县38次，辽宁省沈阳市和平区40余次，重庆市酉阳县、甘肃省兰州市七里河区100余次。这些数据既包括学习习近平法治思想，也包括一般的法治学习。虽然在统计数据方法上存在差别，但总体上可以说明全国各地党委十分重视组织习近平法治思想的学习和宣传工作。各地党委结合地方特点积极开展多种学习形式。例如，通过各种网络平台组织开展习近平法治思想学习宣传专项答题活动，组织理论学习小组以"习近平法治思想"为主题开展集体学习研讨，举办专题培训班学习习近平法治思想等。

（2）关键少数述法次数

样本县"关键少数述法次数"平均得分84.62分，在各单项指标中处于较高水平。该项指标（如图2.4所示）最低分78

分，中位数84.50分。相关数据表明，虽有少部分样本县在这一指标表现水平较低，但大多数样本县落实关键少数述法工作表现良好。

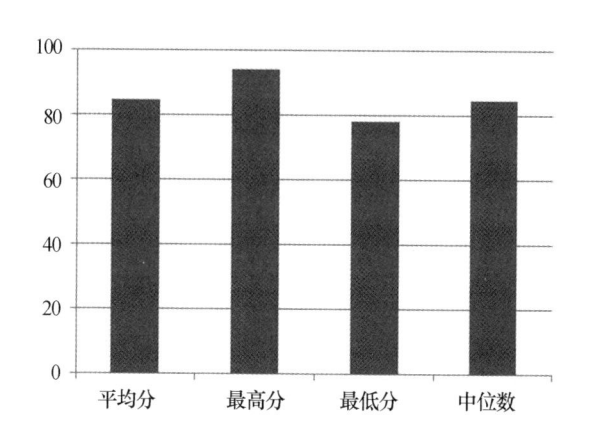

图2.4　"关键少数述法次数"指标得分情况

样本县中，北京市东城区、延庆区，天津市北辰区、和平区，吉林省四平市铁西区，福建省福州市闽侯县等2022年度领导干部述法次数均在1次以上。一些样本县成绩非常突出，例如，河北省沧州市新华区年度关键少数述法次数达到4次，广东省佛山市南海区12次，湖南省长沙市宁乡市5次，湖南省湘西州永顺县38次，湖南省湘潭市湘潭县49次，山西省晋中市平遥县50次，新疆维吾尔自治区阿勒泰地区布尔津县11次，浙江省金华市义乌市5次，浙江省杭州市余杭区21次。还有一些样本县不仅组织述法次数较高，且参与人数众多，基本实现了全覆盖，例如浙江省绍兴市新昌县达到120余次，山东省东营市广饶县2022年度领导干部述法达到了1442人次。此外，一些表现突出的样本县不仅得分较高，且具体措施可圈可点。例如，浙江省丽水市景宁县高度重视领导干部述法，把述法工作作为推进法治建设的有力抓手,找准切入点,瞄准关键点,创新述法形式,做实述法举措,述法成效凸显,全力打造关键少数述法"新样本"。一是在"公开述"中"亮绩亮诺",县委依法治县办、县委宣传部联合推出"我谈法治"系列活动,相关单位主要负责人直面群众晒法治建设"成绩单"、亮法治工作"计划书",主动接受群众监督,进一步提升社会公众对法治工作的参与度和关注度。二是在"专题述"中"明责压责",加强与县人大常委会对接,将依法履职情况纳入局长履职评议内容,在局长履职评议会上随机抽取5位政府组成部门局长上台述职述法,其他局长作书面述职述法,由县人大常委会组成人员对政府组成部门局长进行评议,切实压实主要负责人履行推进法治建设第一责任人职责。2022年,景宁县组织专题述法88场次,4家部门和乡镇(街道)在县委全面依法治县委员会第四次(扩大)会议上现场述法。三是在"清单述"中"提质提效",出台《景宁县党政主要负责人履行推进法治建设第一责任人职责清单》,将党委、政府及政府部门主要负责人的主要职责细化为32项内容,实现第一责任人职责项目化、清单化、责任化管理。景宁县还将上述述法情况纳入年度法治督察重点内容,组织对16个部门和乡镇(街道)党政主要负责人履行推进法治建设第一责任人职责情况进行实地督察,并对述法工作中发现的两个问题及时督促整改,实现述法与法治督察深度融合。① 有的样本县建立领导干部述法评议制度,积极推动领导干部述法全覆盖,将法治建设履职情况作为衡量党

---

① 景宁县司法局:《健全述法制度创新述法形式——景宁打造"关键少数"述法"新样本"》,澎湃新闻·澎湃号,2023年5月10日。

政主要负责人工作实绩的重要内容,作为考察使用干部的重要参考。有的样本县将定期述法作为系统法治督察机制,要求述法主体勇于自我剖析,积极排查自身短板弱项,不断完善常态化述法机制。上述情况表明各地基层党委正进一步推动领导干部述法制度化、常态化全面运用好领导干部述法考核评价具体标准和结果运用机制,能有力提升各级领导干部的法治思想自觉和行动自觉。

(3) 党的规范性文件备案审查纠错率

样本县"党的规范性文件备案审查纠错率"平均分82.24分,处于良好水平。目前,各地方党委正切实加强建立健全党内法规备案审查机制,注重发挥备案审查监督功能、纠错作用,推动备案审查工作。一些样本县表现突出,例如浙江省丽水市景宁县、山东省东营市广饶县、福建省龙岩市武平县、海南省万宁市、河南省商丘市永城市、湖北省宜昌市枝江市、湖南省湘西州永顺县、湖南省湘潭市湘潭县、宁夏回族自治区银川市兴庆区等样本县,2022年度党的规范性文件备案审查率均达到100%。

全国各地党内法规和规范性文件备案审查基本做到了纵向到底、横向到边,实现了对党的法规文件备案审查的广泛覆盖。在纵向上,备案审查已全面覆盖至县一级,各类党组织制定的法规文件均已纳入备案审查范围,各地区各部门的法规文件一体纳入备案审查范围的格局基本形成。[1] 当然,从相关数据

---

[1] 参见中共中央办公厅法规局《有力维护党内法规制度的统一性——党的十八大以来党内法规和规范性文件备案审查工作综述》,《人民日报》2022年2月22日,第1版。

和资料看，党内法规和规范性文件备案审查的水平仍待提高，监督机制、纠错力度等仍需加强。

（4）党委重大决策合法性审查率

样本县"党委重大决策合法性审查率"平均分82.57分，也处于良好水平。其中一些样本县得分较高，例如江苏省镇江市扬中市，上海市静安区，浙江省湖州市德清县、杭州市余杭区，安徽省合肥市肥东县，吉林省通化市梅河口市，宁夏回族自治区银川市兴庆区、固原市西吉县，青海省海东市互助县、海北州祁连县等，其党委重大决策合法性审查率均达到100%。总体来看，样本县均重视加强党内法规和规范性文件备案审查，能够做到有件必备、有备必审、有错必纠，能够维护党内法规和党的政策的统一性、权威性，并重视加强党委重大决策的合法性审查工作。

（5）年度党委工作人员违法违纪次数

样本县"年度党委工作人员违法违纪次数"平均分82.57分。不同地域的样本县平均得分情况表现不一，如表2.2所示。

表2.2 "年度党委工作人员违法违纪次数"指标平均分地域分布　　单位：分

地区分布	平均分
华东	82.42
华南	82.45
华北	81.56
东北	86.22
华中	82.40
西北	81.71
西南	81.24

从地域分布来看，东北、华东、华南、华中地区平均分都在82分以上，其余各地区平均分都在80分以上。吉林省通化市梅河口市90分，青海省海北州祁连县的得分均为88分，上述样本县其年度党委工作人员违法违纪次数均为0次；广东省佛山市南海区年度党委工作人员违法违纪次数1次；同样辽宁省沈阳市和平区，河北省保定市新华区，湖南省常德市武陵区，福建省泉州市惠安县、福州市闽侯县，均为1次。此外，广东省深圳市龙岗区，浙江省杭州市余杭区，河北省沧州市吴桥县，辽宁省葫芦岛市兴城市，黑龙江省大兴安岭地区漠河市、牡丹江市穆棱市、佳木斯市桦南县等样本县，其年度党委工作人员违法违纪次数均为2次。违法违纪次数的公开情况反映了样本县的透明度。信息公开情况反映出相当一部分样本县对此项工作重视程度较高，严格落实领导干部定期接访和信访包案制度，认真处理群众来信来访，坚持以零容忍的态度惩治腐败。一些地方及时统计并公开年度党委工作人员违法违纪立案数量及党政纪处分人次。例如湖南省郴州市，近五年来其当地的纪检监察机关以"减少腐败存量、遏制腐败增量"为目标，坚持"有腐必反，有贪必肃"，保持惩治腐败高压态势，认真严肃统计并公开年度党委工作人员违法违纪情况，通报典型案例，扩大深入监督力度，坚决遏制腐败蔓延的势头。但同时，也有不少样本县在这方面的工作比较滞后，并未及时公布其年度党内违法违纪的情况。总体来看，样本县对党内违法违纪的统计情况的公开化程度参差不齐，总体透明度有待提高。

3. 党委依法执政的相关思考

数据分析表明样本县在坚持推进党委依法执政工作方面整体表现良好，但各地在工作重心、推动力度和具体工作方法上存在差异，即使是表现良好的样本县仍有改进的空间。以下几点值得重视：

（1）进一步落实第一责任人职责

党委依法执政，必须抓住第一责任人。提升第一责任人运用法治思维和法治方式解决复杂问题的能力是关键。中共中央办公厅、国务院办公厅印发的《党政主要负责人履行推进法治建设第一责任人职责规定》明确要求"推动党政主要负责人切实履行推进法治建设第一责任人职责"，并且要求"将履行推进法治建设第一责任人职责情况列入年终述职内容"[①]。一些地方对法治建设成效考核不够重视，对第一责任人的考核更缺少方法。今后各地应当更加重视法治考核，科学设计第一责任人推进法治建设成效的考核制度，明确第一责任人在推进法治建设方面应当履行的具体职责，定期对第一责任人推进法治建设的情况开展考核验收。上级党委应当更加严格开展定期检查、专项督查。特别重要的是，上级党委必须把考核结果作为考察使用干部、推进干部能上能下的重要依据。从各地的实践来看，第一责任人述法是一种行之有效的方式。第一责任人述法要真正成为党政主要负责人形成法治思维习惯的重要手段。第一责任人述法带动领导干部述法。领导干部述法应当制度化。

---

① 《党政主要负责人履行推进法治建设第一责任人职责规定》，2016年12月14日，中国政府网。

领导干部述法内容和评价应当加大公开力度。述法情况应当核查核实，不能弄虚作假。

(2) 进一步加强科学、民主、依法决策

决策水平是各级党委依法执政能力的集中表现。衡量党委依法执政能力水平的标尺就看是否真正做到科学、民主、依法决策。科学决策，就是要运用科学方法，尊重客观规律。民主决策，就是要坚持民主集中制，贯彻群众路线。依法决策，就是要保证决策权限合法、程序合法、实体合法。对决策中涉及社会公众切身利益的事项，广泛听取社会公众意见是依法决策的要求。从实践看，一些地方领导干部并没有很好地按照科学、民主、依法决策的要求去做，甚至主观独断，不认真听取其他同志的意见，不认真贯彻群众路线，不按决策程序办事。调研情况表明，有的地方党委决策没有很好体现民主决策，对组织公众参与积极性不高、主动性不够；有的地方的重大项目遭到公众抵制。决策中的公众参与工作做得越粗，越缺乏社会基础，越不利于决策后的执行和实施。各地党委要做到依法决策，就必须充分吸收民意，定期或不定期地深入基层、深入群众，通过各种不同渠道、方法，充分听取不同方面的意见建议，充分发挥法律顾问、公职律师在重大决策中的作用。

(3) 进一步强化权力监督

推进党委依法执政，必须强化党内监督。"让权力在阳光下运行"必须贯穿权力运行的全链条。从调研情况看，党委依法执政方面存在权力监督薄弱环节。例如，权力监督有效性上还有短板，"一把手"监督难题有待进一步破解，监督力量统筹不够、衔接不紧、配套措施还不健全，贯通协调还存在堵点等问题都影响了依法执政效果。今后，各地党委必须突出党内监督主导地位，推动党内监督与人大监督、民主监督、行政监督、司法监督、群众监督、舆论监督等各类监督有机贯通、相互协调。积极发挥审计监督、财会监督、统计监督、执法监督、行政复议等监督作用。自觉接受纪检监察机关监督，对党政机关公职人员违法行为严格追究法律责任，依规依法给予处分。[1] 同时，在落实决策责任追究和绩效评估方面应进一步完善制度细则，明确责任，奖惩分明，建立一套责任监督工作机制。明确问责内容，细化问责主体，健全问责程序，规范问责方式，加大失职问责追究力度，真正做到有权必有责、有责要担当、失职必追究，强化各级领导干部推进法治建设的责任担当。

（三）样本县经验——浙江新昌

新昌县隶属浙江省绍兴市，位于浙江省东部，是"两化"深度融合国家示范区、全国生态文明建设示范县、全国"两山"发展百强县、国家首批创新型县（市），位列全国综合竞争力百强县第 54 位、中国创新百强县第 16 位、营商环境百强县第 37 位。新昌县历史文化底蕴深厚，是"唐诗之路、佛教之旅、茶道之源"的精华所在，这里历代名人辈出，梁柏台、潘念之、梁鋆立等法学先驱的故乡就在新昌。多年来，新昌县

---

[1] 参见《法治政府建设实施纲要（2021—2025 年）》，中国法制出版社 2021 年版，第 18 页。

积极弘扬法治精神，坚持依法执政、依法行政共同推进，坚持法治政府、法治社会一体建设，不断为地方经济高质量发展注入法治力量。

1. 梁柏台与法治精神

梁柏台，1899年9月出生于新昌县，是中华苏维埃共和国中央政府领导人，开拓了红色政权的法治建设，是人民政权第一位司法部长、检察长，是依法执政、依法治国的先驱之一。梁柏台起草的《中华苏维埃共和国宪法大纲》（以下简称《宪法大纲》）是中国历史上第一部由人民代表机关正式通过并公布实施的宪法性文件，此为中国共产党宪法实践的源头。当时的苏维埃中央政府，是中共在中央苏区建立的中央政权机关。《宪法大纲》的制定，代表着中国共产党局部执政时期第一次尝试用宪法和法治来领导政权建设。

中央苏区的法治建设是中国共产党法治建设的百年历程与基本经验的重要组成部分，为我国社会主义法律体系的形成提供了历史经验和理论根据。梁柏台短暂而光辉的一生所凝练出的信仰坚定、对党忠诚的崇高品格，崇尚法治、宽严相济的司法理念，敢为人先、勇于创新的开拓精神，与当代中国的法治目标和价值追求一脉相承。在当前全面推进依法治国的新形势下，弘扬红色法治精神，对于继承人民法制优良传统，推进依法治国、依法执政、依法行政，走中国式法治现代化道路，具有深远的历史意义和重大现实意义。

2. 新昌弘扬法治精神的实践举措

近年来，新昌县各级党委在因时制宜传承梁柏台红色法治基因的基础上，加强红色资源优势转化，不断提升依法执政能力。

第一，培育领导干部法治信仰。抓牢领导干部这个关键少数，打造梁柏台红色教育基地，拓展教育模式，创新活动内容，组织领导干部不定期在教育基地接受宪法教育熏陶，形成学习宪法、忠于宪法、遵守宪法的浓厚氛围。推行党政主要负责人述职述法、党委（党组）理论中心组专题学法、政府常务会议会前集中学法制度，开展领导干部"天姥大讲堂"法治专题报告、领导干部任前法律测试、领导干部集中宪法宣誓及领导干部法治建设理论与实务主体培训等各类活动，持续增强领导干部法治意识及责任。

第二，建立健全依法决策机制。一是完善重大政策目录化管理。按期对重大行政决策项目进行征集、研究、公示，推进重大行政决策事项目录化管理更加系统、规范、透明。二是推进重大政策规范化实施。组建政府法律顾问为班底的合法性审查团队，推动公职律师参与重大行政决策事项事前事后全过程，以"专家+"模式实现重大行政决策事项审查率100%。近三年，重大行政决策事项被上级部门纠错率为零。三是实现重大行政决策全覆盖。督促政府组成部门、乡镇街道编制本单位重大行政决策事项目录。2021—2023年政府组成部门和乡镇街道共发布重大行政决策覆盖率达100%。

第三，践行"以人民为中心"法治理念。以人民为中心是社会主义法治精神的重要内容，新昌县各级党委（党组）在依法执政的过程中，将法治精神融入思想、见诸行动。如在数字法治改革中，推出了一系列可见可感的为民举措，"一照通用"

改革成果获时任总理李克强批示肯定，在全国推广；司法救助"束光"应用获评"全国政法智能化智慧检务创新案例"、获浙江省检察院检察长批示肯定；"车辆注销一件事"应用被纳入2022年浙江省数字化改革"一本账S2"，得到浙江省公安厅相关领导的批示肯定，并逐步在全省开展实施。

3. 弘扬法治精神的示范意义

第一，提升领导干部法治素养是党委依法执政的基石。提升领导干部的法治素养，习近平总书记概括为"尊法""学法""守法""用法"四方面要求，他多次强调领导干部要做尊法、学法、守法、用法的模范。新昌县把梁柏台红色教育基地打造成全国法治宣传教育基地、首批"浙江省法治文化传承教育基地"以及浙江省党员教育培训基地，就是要感悟、践行梁柏台崇尚法治、献身法治的先驱风范，以基地为载体，通过潜移默化的教育方式，润物细无声，让领导干部将法治精神内化于心、外化于行。

第二，完善党委依法决策机制是党委依法执政的根本要求。调查研究、征求意见、合法性审查和集体讨论决定是党委重大决策的必经程序，规范这些程序才能保证依法决策，确保决策制度严密、决策过程公正、决策结果科学。在征求意见方面，梁柏台同志作了很好的示范。他在开展苏区立法工作时，善于听取不同政府部门的意见，广泛搜集群众的反馈，积极根据苏区革命形势变化和群众要求，对苏区法律文件进行修改和完善。新昌县继承前辈的优良传统，不断完善依法决策机制就是弘扬法治精神的一种践行。

第三，坚持以"人民为中心"是党委依法执政的价值理念。在中央苏区当时极其险恶的环境下，中国共产党就尝试运用法治领导和管理红色政权，保证人民群众行使当家做主的权利。当前，在习近平法治思想指引下，中国特色社会主义法治体系日臻完善，社会主义法治国家建设日新月异，人民群众对法治建设的期待早已从"有没有"向"好不好""更加好"转变。为满足人民群众对法治的新需求，"以人民为中心"的价值理念将成为党委政府履职尽责的永恒动力，习近平法治思想将不断转化为党委政府依法执政、依法办事的实践伟力。[①]

[①] 资料来源：调研、网站和样本县提供。

三　政府依法行政

"政府依法行政"是指政府及其工作人员必须依据宪法和法律的规定行使职权和管理公共事务。政府依法行政是贯彻依法治国方略、提高行政管理水平的基本要求。法律是行政机关开展行政活动的依据,也是人民群众对行政活动进行评判的标准。党的二十大报告首次将全面依法治国作为专章进行论述和专门部署,报告强调"扎实推进依法行政",为新时代法治政府建设提供了根本遵循。依法行政体现了对人民负责的原则,是现代法治政府普遍奉行的基本准则。政府只有依法行政,才能保障人民群众的权利和自由,才能加强廉政建设、提高政府的公信力,才能防止行政权力的缺失和滥用、提高行政管理水平,才能带动全社会尊重法律、遵守法律、维护法律。

政府依法行政下设"行政职能""行政决策""行政执法""行政争议""政务公开""数字法治政府"六个二级指标。

（一）指标释义

1. 行政职能

"行政职能"也叫"政府职能"，是指政府在行政管理活动中应承担的职责和所具有的功能。法治政府意味着要用法律给行政权力定规矩、划界限，坚持法定职责必须为、法无授权不可为。机构职能法定化是推进依法行政、建设法治政府的重要保障。

依法行政，要求按照深化党和国家机构改革的精神，优化完善政府职责体系和组织结构，推进机构、职能、权限、程序、责任法定化。依法行政，要求政府完善各地区各部门权责清单制度，全面落实完善政府权责清单制度。

政府职能包括政治职能、经济职能、文化职能、社会职能等。例如，政府必须坚持优化营商环境，完善证明事项告知承诺、涉企收费清单、公平竞争审查等制度，消除隐性市场壁垒、指定交易等现象。又如，政府必须坚持提升服务水平，为人民群众和市场主体办事提供更多便利。

2. 行政决策

"行政决策"是政府及其工作人员在处理国家政务和社会公共事务过程中做出决定。法治政府要求政府健全科学、民主、依法决策机制，规范重大行政决策程序，提高决策质量和效率，明确决策责任。

《重大行政决策程序暂行条例》规定：作出重大行政决策

应当遵循科学决策原则,贯彻协调、绿色、开放、共享的新发展理念,坚持从实际出发,运用科学技术和方法,尊重客观规律,适应经济社会发展和全面深化改革要求;作出重大行政决策应当遵循民主决策原则,充分听取各方面意见,保障人民群众通过多种途径和形式参与决策;作出重大行政决策应当遵循依法决策原则,严格遵守法定权限,依法履行法定程序,保证决策内容符合法律、法规和规章等规定。每个重大行政决策的公众参与、专家论证、风险评估、合法性审查、集体讨论决定、决策发布,缺一不可。在推进重大行政决策科学化、民主化、法治化的过程中,要突出公众参与,要充分保障社会公众的知情权、参与权和监督权。

3. 行政执法

"行政执法"是指行政主体依照行政执法程序及有关法律、法规的规定对特定的人和事件所作的行政行为。行政执法工作面广量大,与国家社会治理的成效、人民群众的合法权益保障息息相关。行政执法要努力让人民群众在每一个执法行为中都能看到风清气正,从每一项执法决定中都能感受到公平正义。

行政执法要做到程序合法。程序合法要求严格落实行政执法公示、执法全过程记录、重大执法决定法制审核制度,实现行政执法信息及时准确公示、行政执法全过程留痕和可回溯管理、重大行政执法决定法制审核的全覆盖。

行政执法要更快更精准回应人民群众诉求,提升基层治理效能。综合行政执法体制改革是深化行政执法体制改革的重要举措,直接关系到食品药品、质检、公共卫生、生产安全等十多个与人民群众切身利益密切相关的重点领域。政府要加大力度深化综合行政执法体制改革，完善基层综合执法体制机制，进一步整合基层执法队伍，逐步实现"一支队伍管执法"。行政执法权重心下移是行政执法体制改革的重要内容。政府要稳步地将基层管理迫切需要且能有效承接的行政执法事项下放给基层；坚持"权随事转、编随事转、钱随事转"，充实基层执法力量，保障基层有足够的资源履行执法职责。

4. 行政争议

"行政争议"是指行政机关与认为该行政机关侵犯其合法权益的公民、法人或者其他组织之间产生的争议。推动政府依法行政，必须做好行政争议化解工作，坚持以公民基本权利保障为落脚点，切实化解官民矛盾，保护公民、法人和其他组织的合法权益。

行政争议化解既要发挥行政复议主渠道作用，又要建立多元协作机制。政府和司法机关应当通过各方协作机制，切实推进行政争议的复议化解、诉前化解、诉中化解、诉后化解，推动提升行政争议案件的化解效率和质量，积极打造行政争议实质性多元化解新格局。首先，坚持发挥行政复议公正高效、便民为民的制度优势和化解行政争议的主渠道作用，深化行政复议体制改革，进一步提高行政复议办案质量，提升行政复议公信力。其次，坚持做好行政诉讼工作，落实行政首长出庭应诉机制，有效化解当事人对立情绪。再次，发挥人民法院、人民检察院在行政争议化解中的参与、推动、规范、保障、监督作用，依法调用司法建议、检察建议等各类纠纷解决渠道，进一步完善衔接顺畅、协调有序的行政争议多元化解机制。

5. 政务公开

"政务公开"是指政府通过法定形式和程序，主动向社会公众或依申请而向特定的个人或组织公开政府信息的制度。政务公开是决策、执行、管理、服务、结果全过程的公开，是提升政府治理能力的制度安排。

推动政务公开，是依法行政的必然要求。公开是常态，不公开是例外。《法治政府建设实施纲要（2021—2025年）》规定："大力推进决策、执行、管理、服务和结果公开，做到法定主动公开内容全部公开到位。加强公开制度化、标准化、信息化建设，提高政务公开能力和水平。全面提升政府信息公开申请办理工作质量，依法保障人民群众合理信息需求。鼓励开展政府开放日、网络问政等主题活动，增进与公众的互动交流。加快构建具有中国特色的公共企事业单位信息公开制度。"[1]根据上述要求，政务公开提升空间很大。政府应当不断加强组织领导，健全工作机制，扩展政务公开范围，规范依申请处理程序，丰富公开形式，深入开展考核与监督，有序有效推进政务公开工作。

政府公开透明是赢得人民群众更多理解、信任和支持的基本方法。政务公开的目的是保障公民、法人和其他组织依法获取政府信息，提高政府工作的透明度，建设法治政府，充分发

---

[1] 参见《法治政府建设实施纲要（2021—2025年）》，中国法制出版社2021年版，第20页。

挥政府信息对人民群众生产、生活和经济社会活动的服务作用。[①] 政府通过政务公开，保障公众的知情权、参与权、表达权和监督权，倒逼政府依法行政，对于维护社会公平正义、从源头上防治腐败至关重要。

6. 数字法治政府

"数字法治政府"是以数字化技术为支撑的法治政府新形态。数字法治政府就是将数字技术融入构建职责明确、依法行政的政府治理体系之中，让数字技术赋能法治，为依法行政提供科技支撑。

《法治政府建设实施纲要（2021—2025年）》第九部分单列"健全法治政府建设科技保障体系，全面建设数字法治政府"部分，对数字法治政府建设提出要求："坚持运用互联网、大数据、人工智能等技术手段促进依法行政，着力实现政府治理信息化与法治化深度融合，优化革新政府治理流程和方式，大力提升法治政府建设数字化水平。"[②] 数字法治政府建设内容主要包括"加快推进信息化平台建设""加快推进政务数据有序共享""深入推进'互联网＋'监管执法"等内容。

建设数字法治政府是推动依法行政、法治政府建设的重要举措。以政府数字化转型驱动治理方式变革，推动政府治理流程优化、治理模式创新和履职能力提升，有利于提升政府治理效能，契合政府决策科学化、社会治理精准化、公共

[①] 参见《中华人民共和国政府信息公开条例》第一条。
[②] 参见《法治政府建设实施纲要（2021—2025年）》，中国法制出版社2021年版，第21页。

服务高效化的国家治理需要，能够更好推进国家治理体系和治理能力现代化。

（二）数据分析

1. 政府依法行政数据的整体分析

根据数据抓取和统计计算，全部样本县"政府依法行政"平均分83.39分，最高分89.5分，最低分79.9分，共有78个样本县得分超过平均分。45个样本县的政府依法行政指标得分高于85分，116个样本县政府依法行政指标得分高于80分，分别占全部样本县的38.46%与99.15%，如图3.1所示。

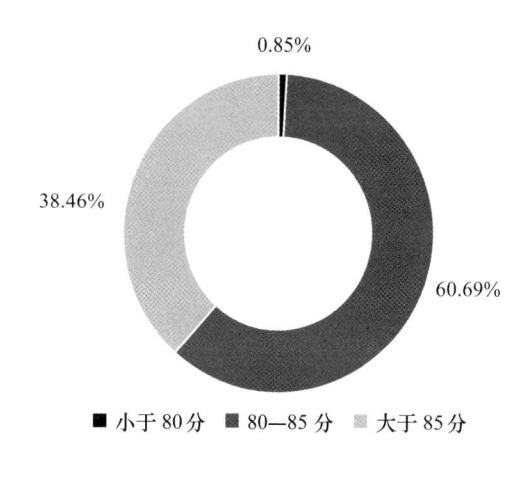

图3.1 "政府依法行政"一级指标得分占比

广东省深圳市龙岗区、江苏省苏州市昆山市、江苏省无锡市宜兴市、山东省潍坊市青州市、山东省东营市广饶县、浙江省杭州市余杭区、浙江省宁波市海曙区等样本县的政府依法行政三级指标得分高于85分，占全部样本县的38.46%。

从省域层面来看，样本县政府依法行政指标合格率为100%，良好以上为99.15%。有21个省域平均得分超过了总平均分，占67.7%，这些省域分别是广东、江苏、山东、浙江、河南、四川、湖北、福建、湖南、上海、安徽、河北、北京、陕西、江西、重庆、辽宁、云南、广西、山西、内蒙古。如图3.2所示。

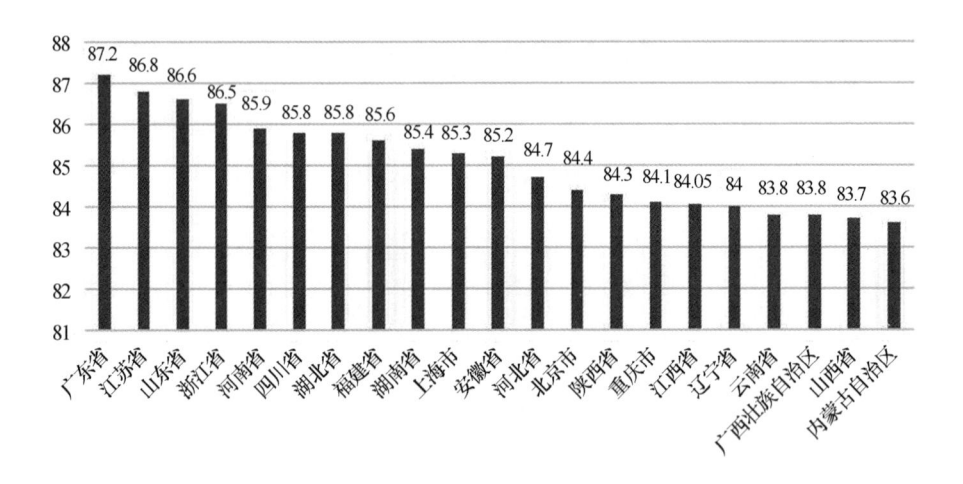

省域	得分
广东省	87.2
江苏省	86.8
山东省	86.6
浙江省	86.5
河南省	85.9
四川省	85.8
湖北省	85.8
福建省	85.6
湖南省	85.4
上海市	85.3
安徽省	85.2
河北省	84.7
北京市	84.4
陕西省	84.3
重庆市	84.1
江西省	84.05
辽宁省	84
云南省	83.8
广西壮族自治区	83.8
山西省	83.7
内蒙古自治区	83.6

图3.2　样本县平均分高于全国平均分的21个省域一览

据统计，2022年GDP总量排在前21位的省域分别是广东、江苏、山东、浙江、河南、四川、湖北、福建、湖南、安徽、上海、河北、北京、陕西、江西、重庆、辽宁、云南、广西、山西、内蒙古。[1] 与上述依法行政一级指标平均得分超过总平均分的省域排行进行对比后发现，两者的省域排行顺序具有高度重合性，仅仅只有安徽、上海两个省域的排列顺序

---

[1] 参见《31省2022年经济数据出炉：广东经济总量第一，福建、江西经济增速领路》，时代周报网，2023年1月30日。

进行了对调，其他省域的排名完全重合。由此可以推断，尽管两者排行存在一定的偶然性，但至少能够说明，一个省域的依法行政状况与其经济发展水平具有正相关关系，GDP数值越高，该省域的经济发展水平越高，则其依法行政的状况通常越好。

从县域层面来看，得分超过平均分的78个样本县中，有山东省东营市广饶县，浙江省绍兴市新昌县、湖州市德清县、衢州市常山县、金华市、丽水市景宁县、舟山市岱山县，四川省攀枝花市米易县、阿坝州红原县，湖北省宜昌市五峰县，福建省泉州市惠安县、福州市闽侯县、龙岩市武平县，湖南省湘西州永顺县、湘潭市湘潭县，安徽省芜湖市南陵县等29个地区为"县"，约占37.2%，其他均为县级"市"或"区"。

此外，数据表明，前述样本县在推进政府依法行政的方法与工作重心上存在一定区域差异。例如，浙江省湖州市德清县行政规范性文件备案审查纠错率、行政执法持证率、行政争议总量、一审行政诉讼数量、行政机关负责人出庭应诉率的指标均为优秀；上海市闵行区行政诉讼一审败诉率、行政争议总量的指标为优秀；天津市北辰区全国法治政府建设示范区、一审行政诉讼数量、行政机关负责人出庭应诉率指标为优秀。

从二级三级指标数据总体分析来看，有的指标数据显示成绩优异，有的指标显示明显落后。地区差异不明显。以"行政职能""行政执法""行政争议"为例。

"行政职能"为指标的平均分为82.42分，合格率为

100%，80分以上的比例为85.47%，85分以上的比例为17.95%，但没有90分以上的样本县。行政职能指标平均分未能达到总平均分，该指标下的三级指标也差于平均分。

"行政执法"指标的平均分为82.71分，合格率为100%，良好以上为86.32%，优秀率为0.85%。优秀样本县仅1个，为浙江省杭州市余杭区。这可能与当地政府重视行政执法，积极开展执法培训，不断提高执法人员的法治意识和专业能力的做法有关。通过分析行政执法二级指标的得分分布，我们发现当前各地在确保严格执法的整体情况良好。在行政执法指标中，参评的三项三级指标分布较为均匀。但是有部分地区"偏科"，也应当注意。今后，各地要重视杜绝不同地区办案标准不合理差异。

"行政争议"指标平均分为86.19分，良好以上为100%，优秀率为7.69%。优秀区县共9个，分别为浙江省丽水市景宁县、天津市和平区、山西省太原市小店区、浙江省绍兴市新昌县、山西省晋中市平遥县、江苏省苏州市昆山市、浙江省湖州市德清县、浙江省嘉兴市海宁市、上海市普陀区。其中，浙江占4个，山西占2个，江苏、上海、天津各占1个。通过分析行政争议指标的得分分布，我们发现当前各地在确保行政争议化解工作的整体情况较好，为政府依法行政的各二级指标中得分最高的一项。

在所有三级指标中，行政机关负责人出庭应诉率平均分最高，为88.29分。该项指标优秀的样本县数量也最多；县级及以下执法人员占比平均分最低，为81.61分。该项指标优秀样本县数量也最少。各三级指标的合格、中等、良好、优秀样本县数量的比例，如图3.3所示。

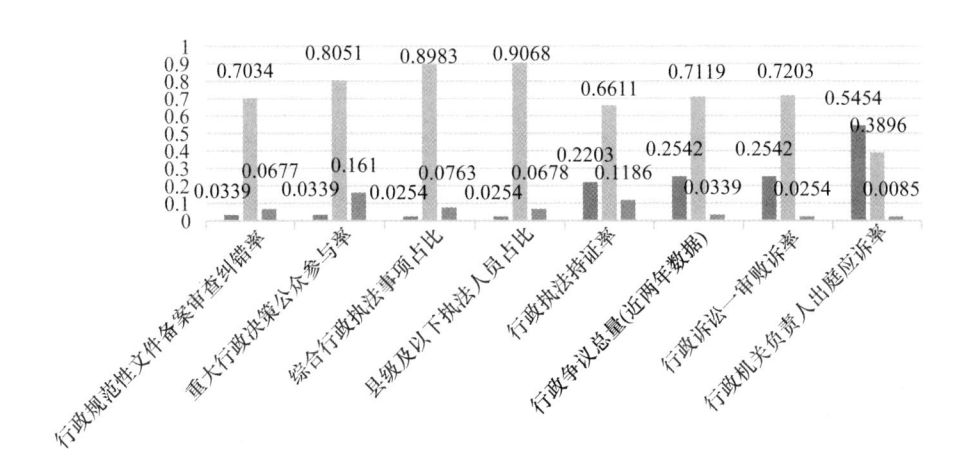

图3.3　各三级指标分段比例统计

数据和相关资料表明，一些样本县围绕全面建设职能科学、权责法定、执法严明、公开公正、智能高效、廉洁诚信、人民满意的法治政府取得了明显成效。数据和资料反映出当下工作的弱项，也为未来的工作指明了方向。

2. 政府依法行政若干单项工作指标分析

（1）行政规范性文件备案审查纠错率

"行政规范性文件备案审查纠错率"的平均得分为82.81分，在行政职能二级指标下得分最高，合格率为100%，良好以上为93.16%，优秀率为3.42%。优秀样本县4个，分别为浙江省湖州市德清县、浙江省嘉兴市海宁市、浙江省金华市义乌市、重庆市渝北区，其得分均为90分。例如，嘉兴海宁市2022年共制发行政规范性文件32件，所有文件均由起草部门进行评估认证，统一通过政务网站公开征求意见；全年开展规范性文件专项检查4次，查摆各类问题90余条。[①]说明浙江省在贯彻落实"备案审查"理念方面工作较为突出，取得了不错的效果。其他地方未来的工作重心应进一步完善备案审查监管办法，严格落实有关备案审查文件精神，做到"有备必查，有错必纠"。

（2）重大行政决策公众参与率

"重大行政决策公众参与率"平均得分为82.03分，得分相对较低，合格率为100%，良好以上为83.76%，优秀率为3.42%。优秀样本县有4个，分别是北京市延庆区（93分）、山西省晋中市平遥县（92分）、北京市东城区（90分）、重庆市沙坪坝区（90分）。据此可知，虽然大多数的县级重大行政决策公众参与工作基本到位，但尚有较大提升空间。该项指标得分较低的主要原因是基层政府对公众参与不够重视。

（3）综合行政执法事项占比

"综合行政执法事项占比"得分为82.20分，合格率为100%，良好以上为92.31%，优秀率为2.56%。优秀样本县共3个，分别是浙江省杭州市余杭区（94分）、广东省佛山市南海区（90分）、浙江省宁波市海曙区（90分）。例如，该项工作成绩较好的广东省佛山市南海区下放镇街综合行政执法权2006项，占佛山市要求下放镇街综合行政执法权总项数（3632项）的55%。据此可知，各地在不断深化行政执法改革，进一步梳理现有的赋权事项，重点梳理执法监管过程的扯皮问题，理清监管与执法的界限，提高一次执法效率，杜绝多头执法、

[①] 中共海宁市委、海宁市人民政府：《中共海宁市委海宁市人民政府关于海宁市2022年法治政府建设的年度报告》，2023年3月1日，海宁市人民政府网。

多层执法，进一步提升执法效率和监管水平。

（4）县级及以下执法人员占比

"县级及以下执法人员占比"得分为81.61分，合格率为100%，良好以上为93.16%，优秀率为1.71%。优秀样本县是浙江省丽水市景宁县（90分）。优秀样本县基本完成了执法人员的下沉，实现了基层执法统一管理、集中办公，化解了基层执法人员短缺的问题，有力推进基层治理提质增效，破解基层治理"看得见管不了"等执法瓶颈问题。

（5）行政执法持证率

"行政执法持证率"得分为84.31分，合格率为100%，良好以上为88.03%，优秀率为22.22%。优秀样本县26个，分别位于浙江（7个），新疆（3个），天津、江苏、福建（各2个），河北、辽宁、山西、湖南、重庆、广东、上海、宁夏、吉林、黑龙江（各1个）。例如，福建省福州市闽侯县严格行政执法发证、管理、审核各个流程，行政执法人员上岗持证率达100%，年度培训率达100%。上海市普陀区现有行政执法资质持证人数36人，持证率为94.7%。重庆市渝北区2022年组织参加行政执法人员网络培训考试，参考率、合格率均达100%，换发新式执法证件162个，持证上岗率为100%。数据和相关资料表明，各地严格执行执法人员持证上岗，坚持严格规范公正文明执法，让行政执法人员的执法权力受社会各界群众的监督。从严管理是对规范行政执法、打通法治政府建设梗阻的关键措施。

（6）行政争议总量

"行政争议总量"得分为85.86分，合格率为100%，良好以上为70.94%，优秀率为25.64%。优秀样本县共28个，分别位于河北（5个），内蒙古、浙江（各3个），广西、山西、重庆、江西、新疆、上海（各2个），湖南、辽宁、福建、贵州、海南（各1个）。例如，2022年浙江省丽水市景宁县、嘉兴市海宁市的行政争议总量分别为24件、112件，均保持在较低水平。但除了以上优秀样本县，大部分地区的行政争议总量相对较多。譬如，江苏省无锡市江阴市2022年新收行政诉讼案件209件，审查行政非诉执行案件128件，审结305件；支持监督行政机关依法行政，审结行政诉讼案件370件，行政非诉审查案件115件。实质性化解行政争议，既是贯彻落实习近平总书记关于"诉源治理""把非诉讼纠纷解决机制挺在前面""从源头上减少诉讼增量"重要指示精神的具体体现，也是有效解决司法实践中行政诉讼案件数量居高不下，服判息诉率低，上诉率和申诉率高，程序空转等突出问题的有效抓手。行政争议化解必须从源头上减少矛盾纠纷和诉讼案件的产生，让群众顺心、促进社会和谐。

（7）行政诉讼一审败诉率

"行政诉讼一审败诉率"得分为86.01分，合格率为100%，良好以上为97.44%，优秀率为25.64%。优秀样本县共30个，分别位于浙江（11个），广东、江苏（各3个），山东、湖南（各2个），上海、河北、重庆、广西、山西、新疆、天津、甘肃、北京（各1个）。例如，广东省深圳市龙岗区2022年的行政诉讼案件中行政机关败诉139宗，行政机关败诉率为3.9%，比上年度降低2.3个百分点，为近五年最低。山东省东营市广饶县2022年共发生行政诉讼案件111件（其中，

2021年结转案件11件），已审结82件（其中一审71件），发生败诉案件5件，一审败诉率7.04%。通过对各地不同败诉案件进行分析，在得分较低地区，一审败诉原因包括行政执法法律适用的理解上存在偏差、认定事件的主要证据不足、执法人员行政程序意识欠缺、行政登录过程未尽到审慎审查义务、行政机关应诉能力欠缺等。在优秀样本县，执法人员依法行政意识强，依法行政水平高，机关负责人应诉能力强，相关监督机制、预防化解机制完善。

（8）行政机关负责人出庭应诉率

"行政机关负责人出庭应诉率"得分为88.29分，合格率为100%，良好率为99.15%，优秀率为52.99%。优秀样本县共62个。除重庆、四川、陕西、辽宁、广西、贵州、西藏外，其余省域均有优秀样本县。其中，天津市、浙江省、江苏省、湖北省、江西省、内蒙古自治区、吉林省、甘肃省、海南省、青海省10个省域的所有参评样本县均取得了优异成绩。据此可知，各地行政机关负责人应诉出庭已经常态化，实现了"告官能见官"的目标。

3. 政府依法行政的相关思考

通过前述数据分析，各地在依法执政方面取得了良好成绩，但也存在诸多不足。得分较低的指标明显指向了工作薄弱环节。这些薄弱环节需要引起各地政府高度重视。

（1）样本县指标得分偏差

数据显示，得分优秀率较低的二级指标为行政职能和行政执法，其平均分分别为82.42分、82.71分，就其本身的分值分布情况看，分数普遍集中在 80—85 分，90 分及 95 分以上的比例相对较少。具体来说，行政执法的得分又相对高于行政职能，主要原因可能是近年来党和国家对行政执法改革的重视和强调。与此相对，各地方政府在行政争议化解方面普遍表现较好。其中，行政争议总量、行政诉讼一审败诉率、行政机关负责人出庭应诉率三项指标的优秀率要明显高于行政职能、行政执法的相关指标，前两项为 25.04%，后一项为 52.99%，而行政职能二级指标的优秀率仅为 3.42%，行政执法的优秀率为 9.4%。

（2）样本县指标得分偏差反映的问题

一方面，从前述指标分析可以看出，各地方政府在行政执法和行政职能这两个方面表现较为平常。可见各地方政府，即使是东部相对发达地区在行政执法和行政职能这两个方面还有较大的进步空间。例如，《深圳市龙岗区人民政府 2022 年法治政府建设年度报告》指出，该区"行政执法规范化水平还需提升，执法队伍建设有待加强，部门职权划分需进一步理顺"[1]。这背后体现出两个方面的问题：一是法治政府的理念尚未形成普遍共识。行政执法人员没有把法治内化为行使权力的信念和准则，学法用法的自觉性、有效性与建设法治政府要求仍存在较大的差距；二是部分地方的行政组织体系没有完全理顺，机构编制资源配置不尽合理，人浮于事与人手不够之间的矛盾还客观存在，制约了改革的纵深推进，影响了行政的整体效能。

另一方面，行政职能二级指标得分略低于行政执法二级指

---

[1] 龙岗区司法局：《深圳市龙岗区人民政府 2022 年法治政府建设年度报告》，2022 年 12 月 22 日，深圳市人民政府网。

标。可见，行政职能的优化与完善一直是法治政府建设中一块"难啃的骨头"，其得分相对较低也较为容易理解。例如，《米易县人民政府关于2022年度米易县法治政府建设工作情况的报告》指出的问题和不足主要是："重大行政决策、规范性文件合法性审查质效有待进一步提高。"[1] 行政决策和规范性文件合法性审查与行政联能直接相关。各地在行政决策规范性文件合法性审查质效方面都存在短板，都存在较大的提升空间。

（3）政府依法执政的着重点

一是深化政府职能转变，健全依法行政制度体系。首先，要深入优化政府组织结构与促进政府职能转变、理顺部门职责，使机构设置更加科学、职能更加优化、权责更加协同。其次，要健全依法行政制度体系和行政决策制度体系，强化制度和政策执行，全面提升行政效率。严格落实重大行政决策程序，依法认真听取和反映利益相关群体的意见建议，不断提高行政决策质量和效率。最后，严格规范公正文明执法，切实把以人民为中心的发展思想贯穿法治建设全过程，持续深化行政执法体制改革。

二是理清政府和市场、政府和社会关系，持续优化法治营商环境。一方面，要加强政企沟通，在制定修改行政法规、规章、行政规范性文件过程中充分听取企业和行业协会商会意见。推动形成统一开放、竞争有序、制度完备、治理完善的高标准市场体系。另一方面，要依法平等保护各种所有制企业产权和自主经营权，切实防止滥用行政权力排除、限制竞争

---

[1] 攀枝花市米易县人民政府：《米易县人民政府关于2022年度米易县法治政府建设工作情况的报告》，2023年1月30日，米易县人民政府网。

行为。

三是深化数字法治政府建设。第一，系统推进数据汇聚融合和深度利用，全面推动大数据、云计算、人工智能、区块链等数字技术融入政务服务全流程，促进政务数据开放共享和业务协同，提升政务服务水平。第二，持续聚焦人民需求，建立健全适应大数据挖掘分析需要的数据集、方法库、工具箱，通过建立动态评估、监督纠偏和奖惩问责机制，深度优化政府治理流程，更好实现便民惠民目标。

（三）样本县经验——浙江余杭、山东广饶、新疆和田

1. 浙江余杭

余杭区隶属浙江省杭州市，地处于杭州市西、北部，建县于秦王政二十五年（公元前222年）。余杭区也是浙江高质量发展建设共同富裕示范区第二批试点地区之一。近年来，余杭区坚持以习近平法治思想为指引，始终对标党和国家关于法治建设的部署及重要论述要求，在市委、市政府的领导下，紧紧围绕区委、区政府中心工作，狠抓改革创新和任务落实，不断提升依法决策水平、提高行政执法效能、有效化解矛盾纠纷，扎实推进法治政府建设各项工作，取得积极成效，成为"法治浙江"建设中的一个亮点。具体表现在：

（1）进一步完善行政职能，健全重大行政决策机制，加强行政规范性文件管理

首先，落实重大行政决策目录化管理制度，在开展事项征集工作基础上，召开重大行政决策事项目录专家论证会，进一

步规范决策行为。经集体审议确定并公布2022年度重大行政决策事项目录；组织指导部门、镇街同步开展工作。重大行政决策目录化管理、行政规范性文件和行政机关合同合法性审查率均达到100%。切实履行公众参与、专家论证、风险评估、合法性审查、集体讨论决定等程序要求，提高依法、科学、民主决策水平。

其次，建立行政规范性文件定性预审制，确保所有行政规范性文件纳入管理范围。严格合法性审核，严格落实涉企文件公开征求公众意见不少于30日、进行公平竞争审查等制发程序。落实备案要求，及时向市人民政府、区人大常委会进行备案，备案率100%。开展行政规范性文件清理，及时向社会公布清理结果，确保法制统一、政令畅通。

最后，实质推进公平竞争审查。全面应用政务平台"公平竞争审查"模块，增量措施文件应审尽审，出台文件违规率大幅降低。结合余杭实际，制定出台《余杭区重大政策措施公平竞争审查会审制度》，深入推进国家市场监管总局会审试点工作。

(2) 行政执法改革工作扎实推进

首先，严格规范公正文明执法。落实行政执法"三项制度"，组织全区各行政执法单位调整编制本单位行政许可、行政处罚、行政强制等4张执法事项清单，并通过区政府门户网站专栏进行公示。编制、公布区级行政许可事项清单，严格按照国务院对部分事项取消、下放和改变管理方式的要求，在市级许可事项清单的基础上，经多轮征求区级主管部门的意见，形成《杭州市余杭区行政许可事项清单（2022年）》，共涉及

290个行政许可事项，并在权力事项库和浙江省政务服务网上对权力事项进行相应调整，动态调整行政许可事项清单。

其次，"大综合一体化"执法改革成效卓著。完成省、市综合执法事项划转工作，梳理构建"1+3"执法清单，并实行动态管理。综合执法事项占全区执法事项35%，覆盖60%执法领域，占全区行政执法总量60%。全面运行"1+8"行政执法队伍体系，金字塔型行政执法队伍体系基本构建，全面推进全区12个镇街"一支队伍管执法"方案制定和全域赋权工作，区、镇街两级行政执法指挥中心挂牌成立实现贯通并落实24小时实体化运作。在此基础上，着眼实战实用导向，以"环农副物流中心带"功能区为切入点精准发力，在杭州农副产品物流中心组建一支"1+8+公安（交警）"等10个执法部门力量组成的综合行政执法队，共同开展跨领域联合执法整治行动，实现"组团"执法实战化。

最后，加强行政执法主体资格管理。开展全区行政执法主体信息、委托执法证件的清理和规范，开展全区执法辅助人员信息维护和审核工作。推进行政执法证件申领工作，积极动员、组织开展全区行政执法资格考试报名与培训，全区执法人员持证率保持95%以上。

（3）继续做好行政争议化解工作，推进行政争议的实质性化解

首先，持续攻坚"两高一低"难题。优化"两高一低"五色图预警机制，每月通报扣分与排名，压实专项整治主体责任。根据法治浙江、法治杭州考核指标内容及余杭区"两高一低"专项整治的薄弱点，定期召开法治建设推进会，对潜在失

分指标及内容，压实责任，跟踪督促整改。2022年，全区行政案件发案量、行政复议纠错率和行政诉讼案件败诉率实现"三下降""三连降"，复议调解成功率、行政诉讼案件调撤率位于全市前列，行政机关负责人出庭率实现100%。

其次，发挥复议主渠道作用。深化复议员机制新实践，实行"老带新"传帮带模式，落实每周圆桌会、专家定期"以案说法"等能力提升工程，保障复议办案质量。着力规范业务流程，落实全流程"简案快办"，拓宽适用范围。深化与区法院的复议审判联席会议机制，在重大案件协调、规范行政行为等方面形成"府院合力"，进一步提升行政复议案件办理质效。2022年，全区行政复议案件与行政诉讼案件量比达到6.81:1，未发生复议后败诉案件，复议主渠道作用不断凸显。

再次，提高行政应诉能力。强化案例指导，分析行政案件败诉案例败诉原因，全面总结应诉实务经验，规范指导重点执法部门执法工作。组织开展行政案件庭审观摩，通过参与司法过程，增强"少数关键"运用法治思维推动工作的意识，提高通过法治方式开展工作的能力。发挥败诉风险案件督办机制作用，健全联动衔接机制，加强府院沟通，积极开展行政诉讼诉中化解。推动行政负责人出庭应诉工作常态化运转，全区部门、镇街行政诉讼负责人出庭率实现100%，形成行政机关负责人"愿出庭、敢出庭"新常态。

最后，推进矛盾纠纷实质化解。深入推进重大案件领导包案化解机制，督促责任单位及行政机关负责人靠前指挥，点对点化解重大行政争议。行政争议总量、行政诉讼一审败诉率得分均为优秀。深化复议纠错风险预警和败诉风险案件督办机制,加强复议审判联动、加强府院沟通。

(4) 深化政务公开工作

首先,在主动公开方面,贯彻落实《重大行政决策程序暂行条例》(国务院令第713号),制定完善区2022年重大行政决策事项目录,明确决策事项、决策时间、承办单位等内容,及时向社会公开。新增"共同富裕""优化营商环境""助企纾困"专题专栏,推动扩大有效投资和优化建设环境,集中展示区共同富裕示范区建设成果等。2022年通过政府网站主动公开各类政务信息6854条,"余杭发布"共推送微信2252条,阅读量约2256万次;推送微博4380条,阅读量4000万左右。全区政务微博微信全年发布资讯2.75万余篇,总阅读量2745余万次。

其次,在依申请公开方面,严格按照相关规定要求,依法依规、热情服务、稳慎办理依申请公开政府信息。加强与申请人的沟通协调,充分了解申请人的合理诉求,对于疑难复杂信息案件,召开专题会商会议,进行法治审查,切实提升群众依申请公开满意率。2022年全区共处理政府信息公开申请件1529件,1453件已按规定在法定期限内予以答复,76件结转下年答复。因政府信息公开引起的行政复议案件40件,其中依法被纠正案件数量为2件;行政诉讼案件20件,依法被纠正案件为1件。从图3.4显示的近五年数据看,因政府信息公开引起的行政复议案件2018年为21件,2022年达到40件,有逐渐增多的趋势;但其中被纠正案件数量2018年、2019年、2020年分别为5件、10件、4件,而2022年仅为2件,有逐渐下降之趋势。与此相对,数据显示,因政府信息公开引起的行政诉讼案件数量也呈现逐渐增多，被纠正案件数量呈现逐渐下降的趋势。由此可见，余杭区在政务公开方面的法治水平有所提升。

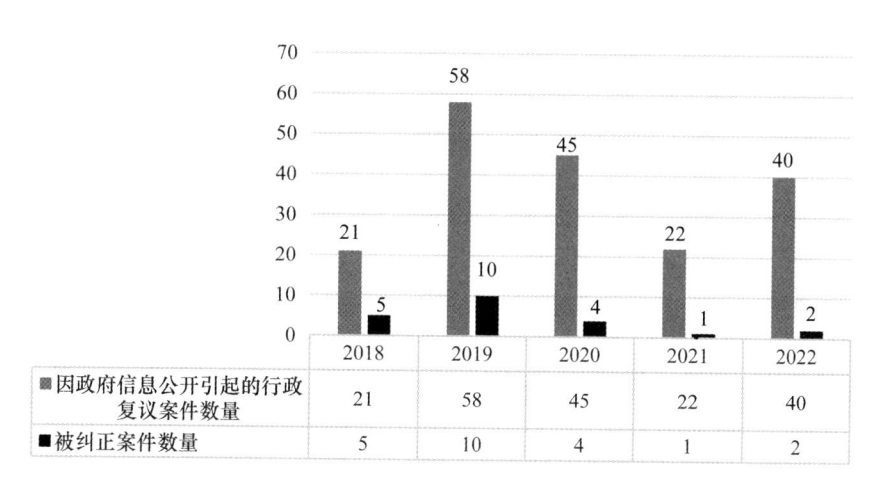

	2018	2019	2020	2021	2022
因政府信息公开引起的行政复议案件数量	21	58	45	22	40
被纠正案件数量	5	10	4	1	2

图3.4　因政府信息公开引起的行政复议及被纠正案件数量统计

最后，在政府信息公开平台建设方面，充分发挥政府网站第一平台作用，积极推进政府网站集约化建设，优化完善网站页面和栏目设置，规范各单位信息发布。2022年对全区政务新媒体进行了清理规范，共注销变更政务新媒体账号40个。

（5）数字化改革全方位助推数字法治政府建设

余杭区围绕中心工作，借助数字赋能优势，提升法治政府建设水平。

第一，深化"放管服"改革，高效整合行政审批事项，健全"网上一站办、大厅就近办、办事更便捷"的"一网通办"模式，实现政务2.0事项"一网通办"率95%以上，打造"政务服务综合体省级样板"。

第二,"浙里平安风险监测防控重大应用""城市安全CT智能服务应用""法护知产项目""特定行业准入数字系统"等多个项目获评全省数字化改革、全省数字法治"最佳应用"。

第三,重大项目全生命周期法治化管理应用,对政府投资项目及重大招商引资项目进行法治风险管控,全流程防范预警各类法治风险,推进项目依法高效落地。

第四,公平竞争审查应用,实现对涉市场主体经济活动的文件应审尽审,确保政府出台的政策公平有效,保障各类市场主体公平参与市场竞争,为营商环境优化提供制度支撑。

第五,区级统一执法办案平台及"综合查一次"场景,统筹协调执法工作,实现常规事项移动端便捷式执法,同时全面归集执法办案数据,提升办案质效。

第六,互联网投诉举报AI智审和可信云调解应用,构建行政复议智慧审理模式,汇聚多方调解服务资源,打造开放式新型纠纷调解服务,有效化解行政争议和各类矛盾纠纷。[①]

2. 山东广饶

广饶县,隶属山东省东营市,位于山东省中部偏北,东营市南部。广饶自秦设县,古称乐安、千乘、琅槐,是兵圣孙武的诞生地、山东吕剧的发源地、中华齐笔的原产地,被联合国地名组织评定为千年古县,总面积1166平方公里,辖9个镇

---

① 资料来源:调研、网站和样本县提供。

街、2个省级经济开发区,人口53万。广饶也是一片红色的土地,流传和保存了我国首版《共产党宣言》中文译本,是全国最早成立农村党支部的地区之一,具有光荣的革命传统。近年来,广饶县深入学习贯彻习近平法治思想,将法治营商环境建设作为推动高质量发展的"生命线",在山东省创新开发建设"政企行"阳光执法监督平台,以"硬监督"提升法治营商环境"软实力",探索形成了优化法治营商环境"广饶做法",为构建"亲""清"政商关系提供了一条有效路径。广饶县也被评为山东省首批法治政府建设示范县。2022年以来,广饶在坚持推进党委依法执政工作中,采取了一些积极举措,取得了良好成效。

(1)搭建全要素平台,实现检查事项清单化

良好的营商环境是市场主体成长的沃土,也是展现城市形象、实现"近悦远来"的亮丽名片。广饶县积极践行"法治是最好的营商环境"理念,聚焦企业普遍反映的多头执法、重复执法、随意执法等问题,县委、县政府多次召开专题会议研究。党政主要负责人要求以数字变革为契机,创新举措、聚力攻坚,切实解决过度检查、频繁调研等扰企问题。一是全方位调研。县纪委监委机关、县司法行政机关成立调研组,由政府分管领导带队,选取县域内重点企业联合开展"驻点式"调研,通过发放问卷、同企业家座谈交流、询问执法人员等方式,全面摸清干扰企业正常生产经营的执法调研情形,列出具体问题清单。在此基础上,成立工作专班。经县委主要领导同意,聘请高水平专业团队,针对调研发现的问题,研发建设"政企行"阳光执法监督平台APP,对党政机关入企执法检查

和参观调研两类行为实现全过程、全覆盖规范监管。二是全数据纳入。"政企行"阳光执法监督平台依托县大数据中心，在"依法、安全、保密"基础上，全量汇集各行政执法领域数据资源。截至2022年年底，平台已纳入全县463项执法检查事项、1736名执法人员信息、9.4万余条市场主体信息，实现了检查事项、执法人员、市场主体全覆盖，做到"家底清、底数明"。三是全功能配置。"政企行"阳光执法监督平台设置入企申请、亮码入企、企业评价、紧急通道等功能模块，高效统筹全县各级各领域执法检查，实现"一日最多入企检查、调研一批次"。执法部门通过平台申请通行码，入企时扫码确认身份，检查结束后企业可对执法部门入企执法全过程和整体执法情况进行评价，构建起政府和企业间"亮码通行"新模式。对投诉举报、媒体曝光等紧急检查事项，通过紧急通道入企核实，确保执法检查力度不减、劲头不松、标准不降。

（2）开展多层次推广，实现"亮码"入企常态化

广饶县按照"试点先行，逐步推广"的工作思路，精心谋划，顶格推进，先后召开试点工作会、动员部署会、管理员培训会、调度推进会等一系列会议。党委、政府定期听取平台运行情况汇报，相关领导率先示范、亲自试用，有效保障平台推广应用工作顺利推进。一是分类开展培训。按照分级培训模式，选取住建部门为试点单位，召开"政企行"阳光执法监督平台试点培训工作会议，对平台业务流程、微信小程序操作规范、企业端操作流程等进行详细讲解。成熟后开展大规模集中培训，举办全县"政企行"阳光执法监督平台管理员培训班，组织82个单位管理员参加，现场试用答疑，实现全县各级各

部门单位培训全覆盖。集中培训结束后，各部门单位管理员负责对本部门单位执法检查人员和调研申请人员、本单位重点监管企业进行培训，确保相关人员学得会、用得好。二是广泛宣传发动。坚持线上、线下同时发力。线上，依托县政府网站，清风乐安、法治广饶微信公众号等企业群众关注度较高的网络渠道以及电视台、公共场所显示屏等发布平台试运行通告；线下，印制企业操作明白纸5万余份，由网格员向各企业、个体工商户等市场主体发放，有效扩大知晓率、普及面，为全面启用"政企行"阳光执法监督平台夯实了基础。三是精准开展服务。县纪委监委机关、县司法行政机关联合成立专项小组，由党委分管领导带队，到20多家重点执法部门单位进行实地调研督导，收集问题、解惑答疑，为完善平台运行机制提供了实践指导。平台运行以来，通过微信群、电话、现场解疑等方式解答各类问题500余件次，优化提升平台功能20余处，扎实推动"政企行"阳光执法监督平台高效、平稳运行。目前，全县各部门单位全部实现入企检查"亮码"通行。

（3）强化嵌入式监督，实现执法检查规范化

广饶县"政企行"阳光执法监督平台推进会暨县委全面依法治县委员会执法协调小组第七次全体（扩大）会议要求，要进一步加大"政企行"平台推广应用力度，建立健全平台运行监督保障机制，确保平台普遍应用、广泛应用，为优化法治营商环境提供坚强保障。一是建立完善平台管理机制。针对各部门单位使用平台过程中反馈的共性问题，加强综合分析研判，加快形成制度成果。先后以县委全面依法治县委员会办公室名义制定印发《"政企行"阳光执法监督平台运行监督管理办法

（试行）》《关于"政企行"阳光执法监督平台相关问题答疑》等制度文件，进一步明确平台管理使用、结果运用、提醒问责等举措，为平台规范运行提供了有力的制度保障。二是建立完善平台运行机制。坚持以监督促规范、以规范促提升，工作中重点采取面上统计汇总、重点抽查检查、定期通报、制作工作提示卡等方式，对各执法部门单位进行全方位、立体式督促指导，及时发现并严肃纠治未经平台申请开展入企检查、调研活动等行为。同时，强化闭环管理，企业可以通过平台对入企检查人员是否规范着装、是否出示执法证件、是否吃拿卡要等情况进行反馈，参与对行政执法活动的监督，有力促进各级执法机关严格规范、公正文明执法。三是建立完善平台监测机制。结合平台推广使用，选取17家重点企业建立"营商环境监督监测点"，通过设置双向联络员、开设意见箱等，收集企业反映强烈的"中梗阻"问题，构建起政府与企业"点对点"监督联络机制，对"政企行"阳光执法监督平台日常使用情况及损害营商环境问题及时研判、快速处置。2023年1月1日至2023年9月21日，全县通过"政企行"平台申请入企检查3883次，调研共402次，入企次数同比下降51.8%，基本实现入企检查规范化、入企调研有序化，大大减轻了企业迎检负担，相关经验做法在《中央依法治国办简报》《中国纪检监察报》等刊载推广。全县入企执法检查更加透明，政府监管服务更加有效，市场主体活力更加充盈。2022年，广饶县新增市场主体数量6934家，被评为山东省首批民营经济高质量发展先进县。[①]

[①] 资料来源：调研、网站和样本县提供。

3. 新疆和田

和田市隶属新疆维吾尔自治区和田地区，位于新疆南部，是和田地区的政治、经济、文化和交通中心，其经济总量在地方名列前茅，是新疆最富饶的地区之一。截至2022年10月，和田市辖4个街道、3个镇、5个乡，另辖2个乡级单位。和田市自古便是一个重要的文化中心，有着浓厚的历史民族文化底蕴，其地形地貌、自然景观丰富多样，旅游资源十分丰富，城市发展潜力巨大。2019年9月和田市入选"全国绿化模范单位名单"，2020年10月和田市入选"全国双拥模范城（县）名单"。

和田市始终坚持以习近平新时代中国特色社会主义思想为指导，深学笃行习近平法治思想，全面学习贯彻党的二十大精神，贯彻落实习近平总书记视察新疆重要讲话精神，完整准确贯彻落实新时代党的治疆方略，牢牢扭住社会稳定和长治久安的总目标，扎实开展依法行政，全面统筹推进法治政府建设，各方面工作取得新成效、实现新发展。2022年以来，和田市在推进政府依法行政、法治政府建设方面实施了一些举措，并取得了良好成效。

（1）坚持党的领导，强化法治政府建设推进机制

一是坚持以习近平法治思想为统领，把牢政治方向，将深入学习贯彻习近平法治思想作为重要政治任务，坚持将国家法律法规纳入全市各级党委（党组）中心组学习重要内容和干部培训学习计划，发挥"头雁"领学效应，做到党政主要领导带头学法；坚持领导干部任前考法，组织任前考廉考法5场次，

充分利用"学习强国""法宣在线"等网络载体，组织12000余名公职人员常态化开展干部学法考法，全面提升党政干部法治意识和水平。二是严格履行党政主要负责人第一责任人职责。成立以市委书记任委员会主任的依法治市委员会领导小组，组建四个协调小组，构建横向到边、纵向到底的组织机构。每年三月召开专题述法工作会议，把党政主要负责人履行推进法治建设第一责任人职责情况列入年终述职内容，纳入政绩考核指标体系。制定年度依法治市工作要点，细化重点任务，分解到单位部门组织实施。制发《和田市贯彻落实〈法治政府建设实施纲要（2021—2025年）〉实施方案》《和田市法治政府建设二十条措施》。三是积极推进示范创建。2023年2月在市乡村三个层面打造了服务型政府、"法治进校园"、规范化司法所建设等10个法治政府建设示范点，以点带面，进一步激发示范创建内生动力。

（2）健全政府机构职能体系，聚焦法治建设营造良好营商环境

一是持续做好权责清单管理。依法编制"三级四同"权力清单指导目录，完成对31个部门3449项行政权力事项权责清单合法性审核，在市人民政府网站上公开发布。二是持续推进"放管服"改革。依托自治区一体化政务服务平台，政务服务中心接入全市31个单位805个服务事项，推行"一件事一次办"服务。开创"一件事一次办"服务模式，最多跑一次就可以完成受理、完成办结。共完成办结事项64.2万件，一件事一次办11237件，涉企经营事项1351件，跨省通办事项21586件，电子证照212838件。市本级行政许可类事项办理时限压

缩率达到63.72%，让群众不出门就可以感受到"马上办""掌上办""指尖办"的高效便捷的服务体验。三是持续优化法治化营商环境，加大减证放权力度。通过直接取消审批、审批改备案、实行告知承诺、优化审批服务四种形式，取消涉企经营许可事项16项、涉企经营许可事项实行告知承诺34项、涉企经营许可事项实行优化审批服务3项。落实减税降费124621.06万元。以精简、高效、便民的政务服务环境服务企业和人民群众，设置招商引资综合服务窗口，解决企业及市场主体注册、审批、服务、投资等各项服务工作，注册招商引资企业44家、微小企业680家，企业变更487家，企业业务、政策咨询877人次。落实"双随机、一公开"监管工作规范，共开展食品经营安全检查等抽查5528家次，共组织开展特种设备使用单位联合监管878人次，检查市场主体303家次。在政务服务大厅设置招商引资综合服务窗口，为企业及市场主体提供注册、审批、服务、投资等各项服务，累计无偿服务企业1363家。

（3）依法规范权力运行，为民服务能力明显提升

一是积极推行党政机关法律顾问制度。建立以公职律师为主体、外聘法律顾问为补充的法律顾问队伍，并进行了备案签约。2022年，市乡两级政府及部门建立以公职律师为主体、外聘法律顾问为补充的法律顾问队伍，全市61个党政机关均已聘请法律顾问，实现党政机关法律顾问全覆盖。对386个重大行政决策事项进行合法性审查，保障科学民主依法决策。加强全市村（社区）法律顾问统筹调配，实现供需精准配置。对全市所有村（社区）全部配备法律顾问，实现一村一法律顾问全

覆盖。二是加强公共法律服务平台建设。以司法所为依托，推动乡镇公共法律服务工作站与司法所一体规划、一体建设、资源共享。目前已建立公共法律服务中心1个，市直单位法律援助站10个，乡级公共法律服务工作站14个，村级工作室255个，配强工作人员，为广大群众提供及时便捷、优质高效的公共法律服务。三是做好政府信息公开工作。依法主动公开政府部门工作职能、机构设置、政策类等信息，常态化公开政府政务信息6798条，全面公开49个部门预算及决算信息。聚焦重点领域信息公开。突出民生导向，及时发布"六稳""六保"各项政策举措及效果，拓宽发布渠道，丰富内容形式，增强传播力影响力，2022年公开深化"放管服"改革优化营商环境等重点领域信息200条。畅通受理渠道，精准规范答复意见，建立会商机制，进一步提升申请公开办理质量。

（4）深化行政执法体制改革，推动严格规范公正文明执法

一是深化综合执法改革。完成全市文化、农业、市场、交通、生态五大领域综合行政执法体制改革。推行行政执法权限与力量下沉，在各乡镇、街道成立了综合执法机构，建立综合行政执法协调联动机制，逐步实现基层一支队伍管执法。二是完善行政执法程序。2022年，对全市28个执法单位448名执法人员开展资格审查和资格考试，核发执法资格证418个。各执法单位配备执法记录仪1421台，各执法单位"三项制度"完成率达100%。成立重大执法决定法制审核领导小组，依法审核重大执法决定。三是提升应急处灾能力。编制印发《和田市综合防灾减灾规划"十四五"（2021—2025）》，修订完善市乡村三级应急预案250份。设立应急避难场所137所，组建1

支223人的综合救援队伍和5支涉及消防、电力、燃气、医疗救援、供水、道路应急抢修队伍，组建12支1589人的社会民间应急救援队伍。开展应急演练6289场次，参演人数22.45万人次。2022年，和田市古江巴格街办阿鲁买里社区成功申创全国综合减灾示范社区。2023年以来，在德润教育园区、夏玛勒巴格片区开展两次全要素综合应急演练。

（5）健全社会矛盾纠纷行政预防调处化解体系，促进社会公平正义

一是构建多元调解机制。将社会矛盾纠纷预防化解工作纳入社会治理与平安建设工作体系，发挥矛盾化解的枫桥经验，形成人民调解、行政调解、司法调解联动机制。成立人民调解委员会272个，全市调委会成员总数达到1194余人，实现了人民调解工作在全市各工作领域、各层级的全覆盖。已完成评定地区级精品调解室2个，评定市级精品调解室12个，培养金牌调解员219名。成功调解矛盾纠纷7737件，涉及当事人15474人，涉及金额4483万元，调解成功率98%。在远东国际天街打造"玉河调解室"，在肖尔巴格乡打造"巴旦木"调解室，有效实现了矛盾不上交、平安不出事、服务不缺位。二是深化行政复议改革。制定印发《和田市行政复议体制改革工作方案》，成立行政复议体制改革领导小组、行政复议咨询委员会，组建行政复议专家库。2022年以来，共受理办结行政复议案件14起，其中4起依法驳回，1起维持，1起撤销，8起申请人自愿撤回行政复议申请而依法作出行政复议终止决定。由司法机关受理和涉及行政诉讼案件共4起，相关政府部门行政领导主动出庭应诉，出庭应诉率达100%。

(6) 健全普法依法治理体系，不断提升依法行政能力

一是扎实推进"八五"普法。实施《和田市开展法治宣传第八个五年规划（2021—2025）》，结合每年宪法宣传月、民法典宣传月、"4·15"国家安全日等契机，组织全市行政执法单位开展普法宣传，外卖小哥助力民法典宣传活动，开展"普法大餐·一'典'到家"活动，受教群众达26000人次。利用出租车顶灯、电子大屏不定期滚动播放法治宣传标语。定期在广播、电视、微信公众号等发布普法宣传教育新闻176篇，专题普法栏目宣传99期，录制播出"法耀昆仑·局长说法"14期，营造良好的普法宣传环境。二是持续深化基层法治创建。打造法治文化公园、法治文化街道各1处，1个村获评第一批国家级民主示范村，2个村获评自治区级民主示范村，3个村获评地区级民主示范村。培育乡村"法律明白人"564人、"农村学法用法示范户"809户。对乡村"法律明白人"和"学法用法示范户"培训11场次816人次。三是持续强化"法耀昆仑"子品牌建设，利用周一升国旗仪式组织群众开展"国旗下普法"宣讲活动，常态化组织全市262个村（社区）干部群众开展法律法规宣传。

和田市围绕强化政府治理体系、增强政府治理效能目标，紧盯法治政府建设任务，将法治思维和法治方式贯穿到政府决策、行政执法和矛盾化解的全过程及各个领域，认真谋划推进新发展阶段法治政府建设，推动法治和田建设再上新台阶。①

---

① 资料来源：调研、网站和样本县提供。

四　司法公平正义

"司法公平正义"是现代社会政治民主、进步的重要标志。公正司法事关人民切身利益。公正司法是维护社会公平正义的最后一道防线。党的十八届三中全会提出了"让人民群众在每一个司法案件中都感受到公平正义"[1]的要求，彰显了司法的内在价值追求。如果人民群众不能通过司法程序保证自己的合法权利，那司法就失去了公信力。司法公正包括实体公正，也包括程序公正。实体公正是目标，程序公正是保障。司法公正是政治效果、法律效果、社会效果的统一，是司法质量、效率和公信力的统一。深化司法体制综合配套改革，全面准确落实司法责任制，加快建设公正高效权威的社会主义司法制度，是实现司法公正的必由之路。严格司法，司法为民，不断满足人民群众日益增长对公平正义的需求，是司法公平正义目标的必然要求。

司法公平正义下设"司法职权""严格司法""司法效能"

---

[1] 参见《中共中央关于全面深化改革若干重大问题的决定》，人民出版社2013年版，第32页。

"人权保障""司法公开""数字司法"六个二级指标。

（一）指标释义

1. 司法职权

"司法职权"即司法机关行使其职责的权力。司法机关依法独立公正行使司法权，任何政党机关和领导干部不得干预司法办案。《中共中央关于全面推进依法治国若干重大问题的决定》（以下简称《法治决定》）明确提出，优化司法职权配置，健全公安、检察、审判、司法行政等机关各司其职，侦查权、检察权、审判权、执行权相互配合、相互制约的体制机制。[①]司法职权配置是否科学合理，是检验司法体制改革成功与否的重要尺度，对建设公正高效权威的社会主义司法制度意义重大。优化司法职权配置，司法机关权责划分合理、办案人员分工科学、司法资源使用高效，有利于提高司法机关内外部管理、服务、保障水平，充分发挥司法在社会治理中的导向作用。

2. 严格司法

"严格司法"是指司法机关办案坚持以事实为根据、以法律为准绳，过程符合程序公正、结果符合实体公正。《法

[①] 参见《中共中央关于全面推进依法治国若干重大问题的决定》，人民出版社 2014 年版，第 21 页。

治决定》提出"严格司法"[1]。党的二十大报告强调"严格公正司法"[2]。严格司法是树立宪法法律权威的根本途径。严格司法以"严"为首，严把事实关、程序关、法律适用关，在司法过程中按照司法规律的要求，将宪法和法律法规不折不扣地落实到每一个司法案件中。严格司法以"格"为要，根据事实证据和法律，追求严而有据、裁之有理、行之有度。

3. 司法效能

"司法效能"是指司法主体在一定司法目标指引下，开展司法活动所达到的执法办案的质量、效率和效果。司法效能的高低，直接影响当事人合法权益的受保障程度，是评价司法工作水平的重要尺度。党的二十大报告强调"加快建设公正高效权威的社会主义司法制度"，要求司法机关必须为人民群众提供更加优质、高效、便捷的司法服务，满足人民群众日益增长的多元司法需求。每一个司法案件都牵连着人心，同时关乎法律的尊严和权威，关乎社会大局，司法办案应以"案结事了人和"为工作理念，着力解决人民群众最关心最直接最现实的利益问题，推动纠纷多元化解，提升司法治理成效。

4. 人权保障

"人权保障"即"人权的司法保障"，是指公民通过司法途

---

[1] 参见《中共中央关于全面推进依法治国若干重大问题的决定》，人民出版社2014年版，第23页。

[2] 参见习近平《高举中国特色社会主义伟大旗帜 为全面建设社会主义现代化国家而团结奋斗》，《党的二十大报告辅导读本》，人民出版社2022年版，第38页。

径来保护个人权利。人权的司法保障以人的切身利益为关注焦点，以人的幸福生活为直接目标，彰显尊重和温暖，体现了法治的人道主义精神。党的十八届三中全会强调"完善人权司法保障制度"①，党的十八届四中全会进一步明确"加强人权司法保障"的各项具体任务②。司法领域尊重和保障人权，是对宪法重要原则的贯彻，是对人权事业的发展。司法领域尊重和保障人权是司法建设的内在品质，构成司法运行根本的规范性要求，也是司法公平正义的重要体现。人权不是抽象泛化的概念，是广大人民群众看得见、摸得着的切身利益。只有加强人权的司法保障，通过法治构建社会公平正义，人权保障才能得到全面落实。

5. 司法公开

"司法公开"是指司法机关依法及时公开司法依据、程序、结果等应当公开的事项。司法公开是《中华人民共和国人民法院组织法》和《中华人民共和国人民检察院组织法》规定的基本法律原则，也是全国人大常委会监督工作的内容要求。除了法律规定不公开审理的案件或法定不公开的程序，如涉密案件、合议庭合议、审委会讨论等，所有的司法活动都应该公开透明，接受监督。扩大司法公开范围，拓宽司法公开渠道，是保障人民群众知情、参与、表达、监督等各项

---

① 《中共中央关于全面深化改革若干重大问题的决定》，人民出版社2013年版，第34页。

② 《中共中央关于全面推进依法治国若干重大问题的决定》，人民出版社2014年版，第24页。

权利的重要基础。开放、动态、透明、便民的阳光司法机制，让人民群众能够以看得见的方式感受公平正义，以能被评价的方式倒逼司法工作人员提升司法能力，有助于提高司法民主水平，规范司法行为。

6. 数字司法

"数字司法"是将大数据、云计算、人工智能、区块链等新技术应用于司法过程、提高司法效率的司法新形态。"智慧司法"是数字司法的另一种表达，是效率型司法的形象化称谓。最高人民法院积极推动"数助决策"工作，积极推动"用数据说话"，依托大数据平台所构建的数字司法世界，通过人工智能产品研发与应用，对内服务审判质效现代化管理，对外服务社会治理现代化。数字司法依托数字化技术，以数据驱动为司法注入新的智慧动能，有助于缓解案多人少难题，克服主观疏忽或遗漏问题，突破时空限制，提高效率和精细度。数字司法的发展可以更好地提高司法质量和效率，增强透明度，确保案件公正、公平、公开的原则得以落实。

（二）数据分析

1. 司法公平正义数据的整体分析

全国样本县司法公平正义的平均分为 85.01 分，最高分为 90.5 分，最低分为 80.2 分，共有 51 个样本县得分超过平均分。"司法公平正义"指标整体得分情况如表 4.1 所示。

表 4.1　"司法公平正义"一级/二级指标整体得分情况

指标名称	平均分	最高分	最低分	中位数
司法公平正义（一级指标）	85.01	90.5	80.2	84.85
司法职权（二级指标）	85.72	94	80	85
严格司法（二级指标）	85.13	95	76.5	85
司法效能（二级指标）	86.11	93.67	80.67	85.67
人权保障（二级指标）	84.18	91.33	77	84
数字司法（二级指标）	83.23	94	80	82

全部样本县司法公平正义指标合格率为100%，有57个样本县的得分高于85分，获得了较为优秀的成绩，占全体参评样本县的48.72%。全部样本县司法公平正义指标得分均高于80分，集中于良好水平。司法公平正义一级指标得分比例分布，如图4.1所示。

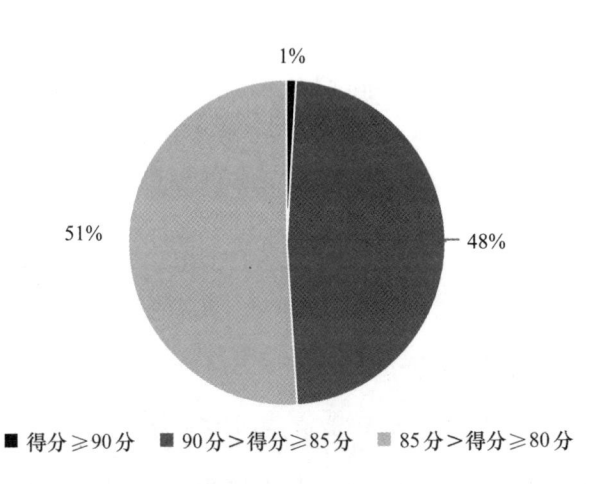

图 4.1　"司法公平正义"指标得分占比

四 司法公平正义 / 77

从省域层面来看，在参评的31个省域中，良好率为100%。其中13个省域测评结果在平均值以上，占41.94%。这些省域为：浙江、上海、广东、江西、重庆、江苏、新疆、河北、福建、甘肃、内蒙古、湖南、四川，如图4.2所示。从测评结果来看，司法公平正义得分与经济发展水平有一定相关性，经济发达地区，其司法公平正义得分往往较高。这也侧面反映，经济投入力度会影响当地的司法建设水平。

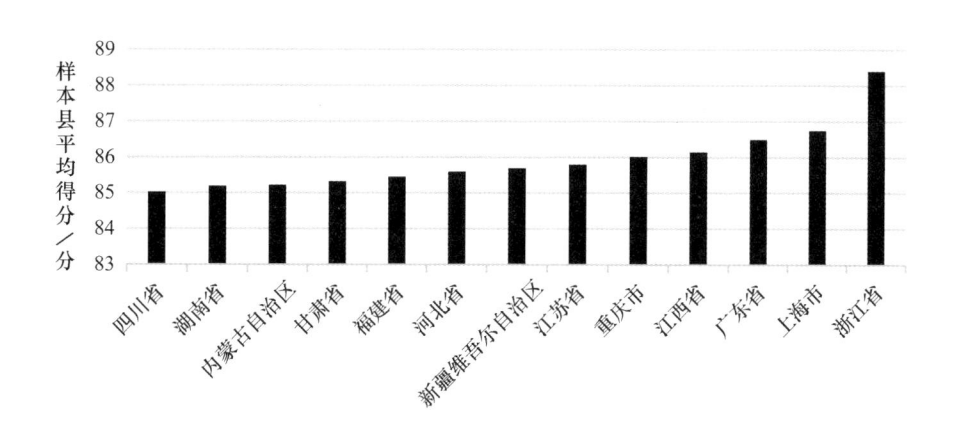

图4.2 部分省域样本县平均得分情况

有8个省域有一半以上的样本县得分超过平均分85.01分，具体为浙江（12个样本县得分高于平均分，共13个参评样本县，用12/13表示）、上海、重庆、内蒙古（2/3）、广东、江西、江苏（4/5）、福建（3/5）。

此外，有13个样本县一半以上的三级指标得分高于90分，占全体参评样本县的11.11%。这些样本县包括浙江省杭州市余杭区、绍兴市新昌县、湖州市德清县、嘉兴市海宁市、金华市义乌市、丽水市景宁县、温州市乐清市，河北省沧州市吴桥县，山西省晋中市平遥县和太原市小店区，内蒙古自治区包头市土右旗和鄂尔多斯市准格尔旗，青海省海北州祁连县。其中，浙江、山西和青海都是全国司法体制改革第二批试点省份。浙江省在2015年启动员额制改革，重点考察入额人员的专业能力和业务水平。山西省围绕司法责任制、司法人员分类管理、司法人员职业保障、省以下地方法院、检察院人财物统一管理等四项内容进行改革。① 内蒙古法院近几年注重落实纾困惠企政策，采取专项执行行动，非诉讼纠纷解决机制建设，院庭长审理疑难复杂案件常态化等多项举措，践行司法为民。②

从县域层面来看，良好率为100%，得分超过总平均分的51个样本县包括绍兴市新昌县、丽水市景宁县等18个县和温州市乐清市、嘉兴市海宁市等33个市和区。从测评结果的整体来看，相比县级地区，市、区的司法公平正义表现更好。一些样本县成绩突出，例如，浙江省绍兴市新昌县总分排名靠前。新昌县人民检察院2015年作为浙江省检察机关司法体制改革的第一批试点单位，2017年正式上线运行统一业务应用系统，系统内成立多个办案单元组，各司其职，系统进行自动轮案、科学分案，促进智慧检务建设，提升了办案效率。③ 该县在2018年全面推进律师调解试点工作，发挥律师的力量，以

---

① 参见左燕东《我省召开司法体制改革试点工作动员部署会》，《山西日报》2015年6月18日，第1版。
② 参见内蒙古自治区高级人民法院办公室《不忘初心坚持公平正义 牢记使命践行司法为民》，《内蒙古日报》2021年1月28日，第1版。
③ 参见《司法责任制背景下统一业务应用系统的完善》，2022年2月2日，浙江省新昌县人民检察院网。

深化多元化解纠纷机制改革。①

从测评结果看，表现良好的样本县也并非全方位良好，工作重心存在地区差异，短板也较为突出。例如，山西省晋中市平遥县的认罪认罚从宽制度还需要更加规范依法适用，青海省海北藏族自治州祁连县还需要更好把握轻刑起诉的内涵要求，江西省萍乡市湘东区还需要加强刑事诉讼诉前羁押必要性审查。

二级指标"严格司法"的平均分为85.13分，合格率为100%，良好率为92.31%，优秀率为52.99%。从数据看，严格司法的理念受到了各地的普遍重视，并取得了良好的成绩。浙江省杭州市余杭区和云南省迪庆州香格里拉市在该项指标得分上表现优秀。通过分析严格司法指标的得分分布，可知当前各地严格司法方面整体情况良好。严格司法项下的各三级指标得分分布如图4.3所示。

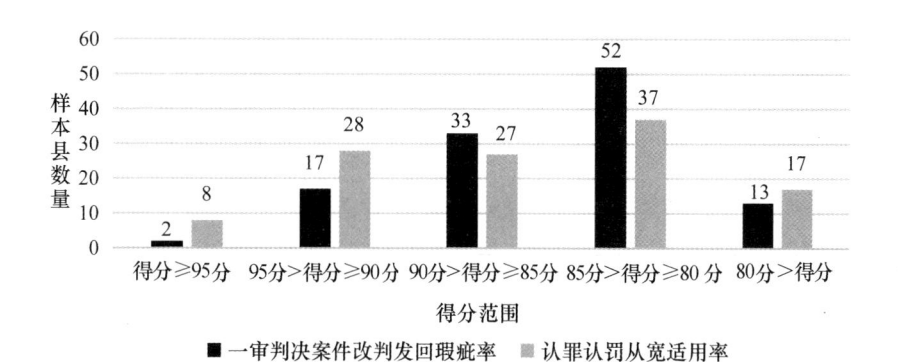

图4.3 "严格司法"各三级指标得分分布

---

① 参见《新昌县司法局"三全三化"推进律师调解试点工作》，2018年4月23日，绍兴市人民政府网。

二级指标"司法效能"平均分为86.11分,良好率为100%,优秀率为62.39%。优秀样本县共73个,分布于浙江、福建、山西等多个省份。司法效能项下的各三级指标得分分布如图4.4所示。

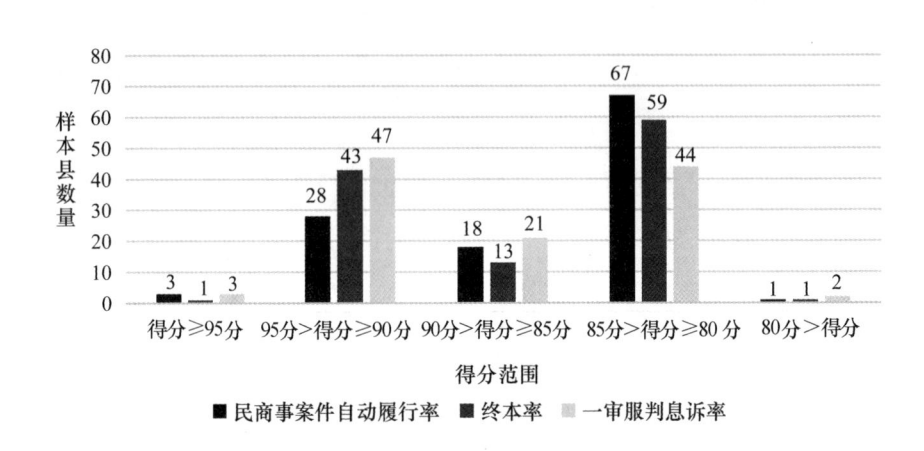

图4.4 "司法效能"各三级指标得分分布

从"司法效能"指标的得分分布看,各地在确保司法效能工作的整体情况良好。"司法效能"是"司法公平正义"的各二级指标中得分最高的一项。据此可知,各地对"司法效能"的重视程度相对较高。

二级指标"人权保障"的平均分为84.18分,合格率为100%,良好率为90.6%,优秀率为41.03%,平均分相对较低。人权保障项下的各三级指标得分分布如图4.5所示。从"人权保障"指标的得分分布看,各地在人权的司法保障方面进步空间较大。

从"司法公平正义"各项二级指标得分分布的比较来看,优秀率较高的为"司法效能"和"司法职权",优秀率较低的

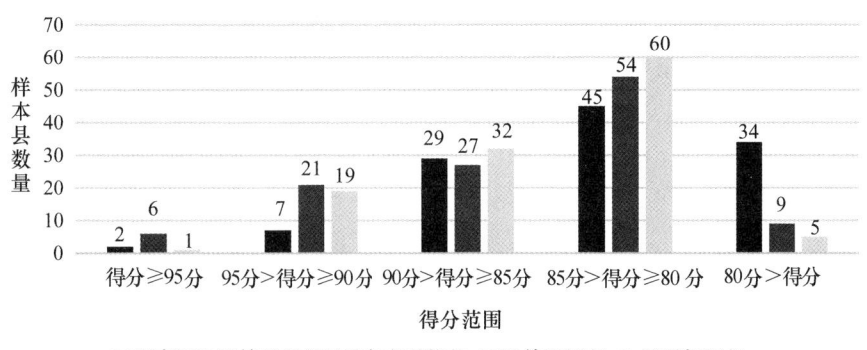

图4.5 "人权保障"各三级指标得分分布

二级指标为"数字司法"和"人权保障",如图4.6所示。

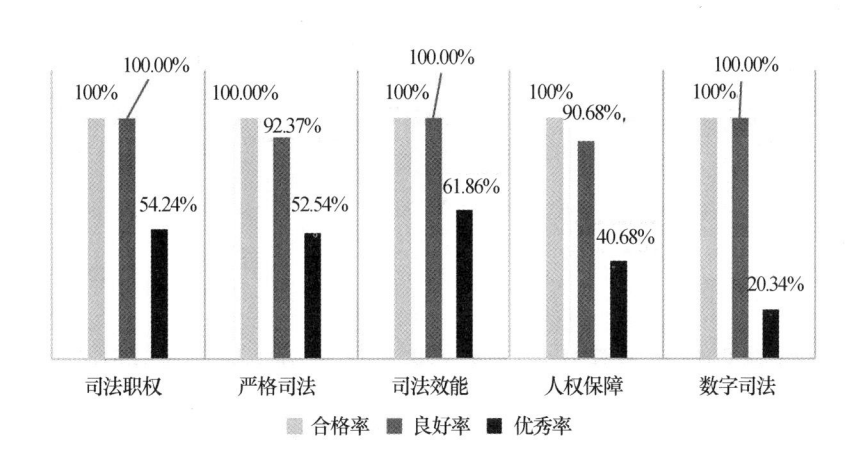

图4.6 "司法公平正义"各二级指标三率占比

从三级指标得分看,一些样本县在相关指标上都有良好的成绩表现。例如,河北省沧州市吴桥县"一审服判息诉率"为95%,浙江省绍兴市新昌县"共享法庭普及率"为100%,金华市义乌市"一审判决案件改判发回瑕疵率"为0.03%,山东省东营市广饶县"一审判决案件改判发回瑕疵率"为0.71%,

福建省泉州市惠安县"终本率"为14.66%。

从"司法公平正义"三级指标得分分布的比较来看，优秀率最高的为"一审服判息诉率"，71个样本县在该项指标得分上位于优秀区间，该指标得分也最高；优秀率最低的为"共享法庭普及率"。良好率最高的为"院庭长办案率"和"共享法庭普及率"，均达到了100%；良好率最低的为"刑事诉讼诉前羁押必要性审查覆盖率"，其优秀率也较低，该指标得分也最低。具体情况如图4.7所示。

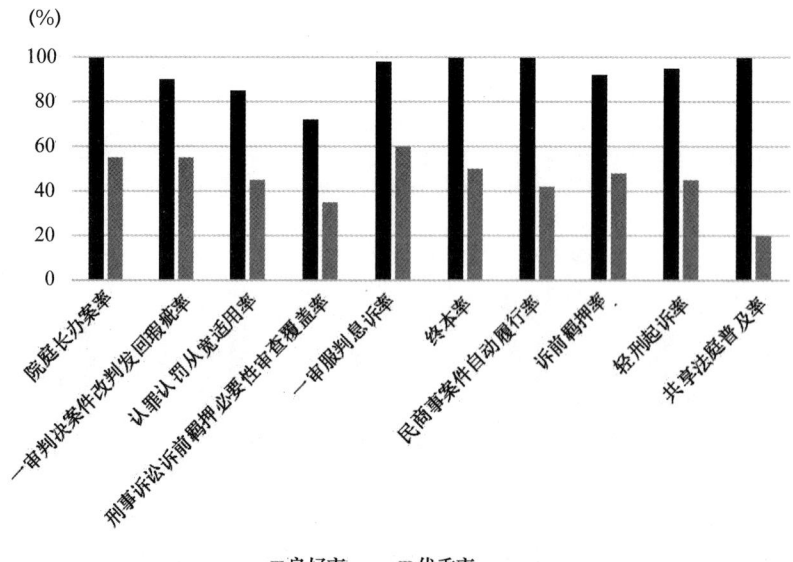

图4.7 "司法公平正义"各二级指标二率占比

数据显示了当下司法工作的弱项，也为未来的工作指明了方向。例如，"人权保障"得分较低，其中弱项为"刑事诉讼诉前羁押必要性审查覆盖率"，未来这方面的规范工作应当加强。基层检察院案多人少、处于社会矛盾接触的最前沿，"诉前羁押率"的降低，对化解社会矛盾、提高办案质效、节约司法资源具有重要意义。再如，根据"司法公平正义"二级、三级指标得分情况，"数字司法"优秀率最低，但是合格率最高，说明不少样本县未能实质性地将数字化技术广泛应用于司法工作中。

2. 司法公平正义若干单项指标分析

（1）院庭长办案率

"院庭长办案率"平均得分为85.72分，处于较高水平。良好率为100%，优秀率为54.70%，得分分布如图4.8所示。

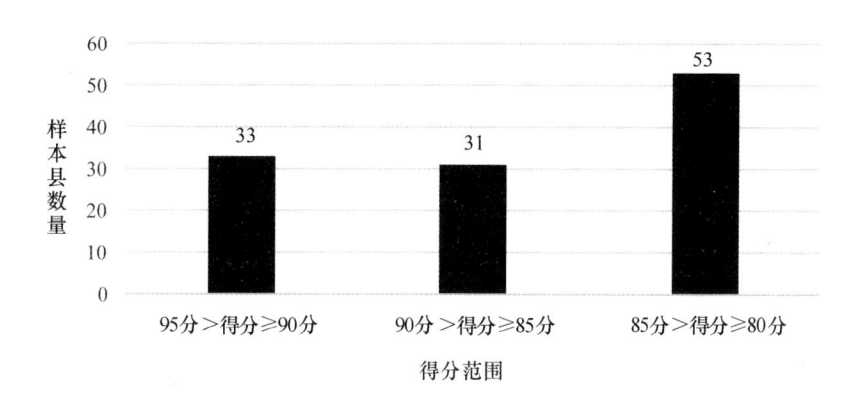

图4.8 "院庭长办案率"得分分布

得分超过90分的优秀样本县共33个，分布于浙江（5个），福建（3个），四川、湖北、江西、云南、山西、天津、黑龙江、青海（各2个），江苏、山东、河南、湖南、河北、辽宁、内蒙古、新疆、吉林（各1个）。其中青海省海西自治州乌兰县、内蒙古自治区鄂尔多斯市准格尔旗、福建省泉州市晋江市等地的"院庭长办案率"超过了60%。这与各地充分发挥院庭长带头办案作用的司法改革工作密切相关。以青海省乌兰县法院为例，全年院庭长办案 601 件，占 64.1%。① 为了提升执行成效，乌兰县法院采取"院长参与疑难复杂、申诉信访案件执行，主管副院长带头办理案件，参与日常案件执行"工作模式，发挥院庭长等领导干部示范引领作用。② 再如，内蒙古自治区准格尔旗健全院庭长办理重大疑难复杂案件制度，院庭长办结案件 6494 件，占结案总数的 64.32%，该样本县还出台了《关于加强案件监督管理工作的实施细则》等规范性文件，实行重点审执指标"日统计、周通报、月总结"工作制度，全面落实司法责任制。③ 数据显示，有部分样本县"院庭长办案率"较低。

2017 年 4 月 10 日，最高人民法院发布《关于加强各级人民法院院庭长办理案件工作的意见（试行）》，强调优化审判资源配置，充分发挥各级人民法院院庭长对审判工作的示范、引领和指导作用。吉林省、天津市等地相继制定了院庭长办案的指导性地方司法文件。院庭长往往是从审判执行一线的优秀法官中层层选拔而产生，通常理论功底扎实，实践经验较为丰富，是办理重大案件、疑难案件的主力军。院庭长带头办案是全面落实司法责任制的体现，也是其法官角色的回归。各地需要进一步规范院庭长带头办案制度，在随机分案基础上依规采取指定分案方式，将重大、疑难、复杂、新型和在法律适用方

---

① 参见《乌兰县人民法院 2022 年工作报告》，2023 年 3 月 15 日，青海省乌兰县人民法院网。

② 参见《院领导带头办理执行案件 实现参与执行工作常态化》，2022 年 11 月 16 日，农安县人民法院司法公开网。

③ 参见《准格尔旗人民检察院 2022 年度工作报告》，2023 年 2 月 20 日，内蒙古自治区准格尔旗人民检察院网。

面具有普遍意义的案件,优先分配给院庭长办理,发挥院庭长的带头作用。

(2) 一审判决案件改判发回瑕疵率

"一审判决案件改判发回瑕疵率"得分为84.64分,处于较高水平,合格率为100%,良好率为88.89%,优秀率为44.44%。得分超过90分的样本县共19个,占16.24%,得分超过95分的样本县共2个,为浙江省金华市义乌市和杭州市余杭区。部分样本县的"一审判决案件改判发回瑕疵率"低于0.5%。例如,浙江省金华市义乌市2022年的"一审判决案件改判发回瑕疵率"0.03%,在此次测评中得分为95分。浙江省台州市黄岩区2021年的"一审判决案件改判发回瑕疵率"为0.22%,在此次测评中得分为94分。据此可知,各地在不断强化对案件实体和程序的监督检查,但大部分样本县的上升空间较大。司法判决关乎当事人的切身利益,关乎司法公信力,未来还需要通过全程留痕、随案质量评查、专业法官会议、增强问责等工作机制,进一步促进办案质效的提升,防止任性用权。

(3) 认罪认罚从宽适用率

"认罪认罚从宽适用率"得分为85.62分,处于较高水平,合格率为100%,良好率为85.47%,优秀率为53.84%。优秀样本县分布于浙江、河北、安徽、江苏等多个省份。共8个样本县表现突出,得分超过95分。

调研数据显示,西藏自治区日喀则市江孜县、山西省晋中市平遥县和太原市小店区、福建省福州市闽侯县、江苏省无锡市宜兴市和苏州市太仓市、湖南省长沙市宁乡市、青海省海西州乌兰县等地的"认罪认罚从宽适用率"为95%以上。福建省龙岩市武平县、内蒙古自治区鄂尔多斯市准格尔旗、山东省青岛市胶州市、河北省承德市滦平县、湖南省常德市武陵区、上海市闵行区等地的"认罪认罚从宽适用率"为90%以上。福建省福州市福清市、广东省佛山市南海区、湖南省湘潭市湘潭县、宁夏回族自治区银川市兴庆区、浙江省金华市义乌市和衢州市常山县、浙江省舟山市岱山县等地区的"认罪认罚从宽制度适用率"达到了85%以上。据此可知，各地司法机关在推进全面贯彻宽严相济刑事政策成效显著，办案质效在不断提升，表明绝大多数被告人是在认罪悔罪状态下接受审判、服从判决、服刑改造，进而回归社会，被害人的合法权益可以得到更好保护，有利于化解矛盾、促进社会和谐、减少对抗，促进司法公正和效率的有机统一。

在严格司法指标中，三级指标"一审判决案件改判发回瑕疵率"和"认罪认罚从宽适用率"得分较为均衡。有部分地区严重"偏科"：一方面表现为同一省份不同地区的差异，例如安徽省合肥市肥东县得分超过了90分，表现优秀，但其他两个参评样本县未达到平均分；另一方面表现为同一二级指标下的三级指标"偏科"，例如内蒙古自治区包头市土右旗的"认罪认罚从宽适用率"得分为90分，表现优秀，但是"一审判决案件改判发回瑕疵率"却未达到良好的水平。据此可知，各地区需要继续严格依法落实认罪认罚从宽制度，提升诉讼质效。

（4）一审服判息诉率

"一审服判息诉率"得分为87.08分，在所有三级指标中位列第一，合格率为100%，良好率为98.29%，优秀率为60.68%。有3个样本县得分超过95分，分别为浙江省衢州市常山县和丽水市景宁县，以及广东省深圳市龙岗区。各地司法在民事定纷止争方面发挥了较好的作用。

数据显示，河南省商丘市永城市、广东省广州市南沙区、河北省沧州市吴桥县、浙江省衢州市常山县等地区的"一审服判息诉率"为95%以上。以河南省永城市为例，其服判息诉率较高，与该法院扎实推进司法改革关系密切。在工作队伍方面，2020年年底，永城法院进行了内设机构的改革，精简业务部门，制定了《中层副职及一般干警岗位双向选择实施方案》，确保每个法庭有审判人员、调解人员、干警人员等合理的配置，[①]实现法庭队伍的专业化。在工作机制上，积极推动诉前调解，以专业意见和智慧法院加强诉调机制保障；细化繁简分流工作标准，将法庭划分为普通庭和专门庭，并成立专门的团队；形成了调立审执协调运行模式，提高各个环节的衔接度，该模式还被商丘中院以"永城法院模式"在全市法院系统推广。[②]以上措施有助于提高工作效率和办案质量，促进矛盾纠纷的实质化解。

福建省泉州市惠安县、内蒙古自治区呼和浩特市托克托县、山东省东营市广饶县"一审服判息诉率"为90%以上。山东省青岛市胶州市等地区的"一审服判息诉率"也达到了85%

---

① 经过双向选择，7个法庭均形成员额法官2人、法官助理2人、书记员7人、法警2人、司机1人、特聘调解员2人，共16人的"一法庭、三团队"的工作格局。

② 参见岳明、李莹、洪小辉《以"案结"为标 "事了"为本》，《河南法制报》2022年8月25日，第9版。

以上。据此可知，一审服判息诉得到了各省普遍重视。各地司法机关应在以事实为根据、以法律为准绳的基础上，追求法律效果、政治效果、社会效果的统一，不断推动"案结事了人和"终极目标的实现。

（5）终本率

"终本率"得分为 86.33 分，在所有三级指标中位列第二。合格率为 100%，优秀率为 48.72%。得分位列优秀区间的样本县共 57 个，分别位于江苏、福建、江西、浙江等多个省份。其中，浙江省温州市乐清市得分超过 95 分。

数据显示，江苏省苏州市太仓市、镇江市扬中市，山东省潍坊市青州市，浙江省舟山市岱山县等地的"终本率"在 50% 以下。福建省泉州市惠安县 2022 年的"终本率"为 14.66%。广西壮族自治区崇左市凭祥市、福建省龙岩市武平县、甘肃省兰州市七里河区、江苏省镇江市扬中市等地近几年的终本合格率也超过了 90%。

以江苏省镇江市扬中市为例，曾经联合开展全媒体直播"抓老赖"，对于失信人、违法者进行教育警示对人民群众进行普法教育。① 广西壮族自治区崇左市凭祥市法院建立了执行终本案件听证制度，为案件当事人提供更为透明的渠道，便于反馈意见、表达需求，促进案件执行公开化处理。② 福建省龙岩市武平县法院，建立了终本案件"回头查"的工作

---

① 参见吴锦铭《扬州大执行"老赖"无处遁形》，《江苏法制报》2018 年 7 月 25 日，第 8 版。

② 参见《凭祥法院召开执行案件终本听证会 切实保障权利人合法权益》，2021 年 7 月 15 日，澎湃新闻网。

模式,每年定期对终本案件进行再查询,跟踪管理是否有可供执行财产,努力兑现胜诉当事人合法权益。① 据此可知,各地在化解执行难问题上作出了较大努力,但依然有部分地区"终本率"较高。执行难不等于执行不能,各地应持续依法依规适用终本程序的规定,杜绝执行人员肆意终本、怠于执行的情况。

(6) 民商事案件自动履行率

"民商事案件自动履行率"得分为84.92分,处于较高水平。该指标合格率为100%,良好率为99.15%,优秀率为41.88%。得分位列优秀区间的样本县共49个,分别位于浙江、福建、江苏等多个省份。2个样本县得分超过95分,分别为福建省泉州市惠安县和广东省深圳市龙岗区。

数据显示,湖北省宜昌市枝江市、福建省泉州市惠安县,湖南省湘西州永顺县、长沙市宁乡市,上海市闵行区等地的"民商事案件自动履行率"在50%以上。江苏省无锡市江阴市2022年的"民商事案件自动履行率"达到了100%。福建省泉州市惠安县2021年的"民商事案件自动履行率"达到了97.06%。湖南省长沙市宁乡市2021年的"民商事案件自动履行率"为70%。宁夏回族自治区银川市兴庆区2022年的"民商事案件自动履行率"为62.13%。这与中央全面依法治国委员会印发《关于加强综合治理从源头切实解决执行难问题的意见》以及近些年最高人民法院持续重视解决执行难问题有着密切关系。各地要不断深化执行难综合治理工作,加强基层执行

---

① 参见《我为群众办实事 | 终本案件"回头查"多年旧案终执结》,2021年9月2日,武平县人民法院网。

工作网格化管理，以信用体系建设为抓手，推进执行难源头治理，促进当事人自动主动履行判决。例如，福建省泉州市惠安县出台了《优化司法服务助推民营经济发展工作方案》，对积极履行义务的企业依法适用"白名单"制度激励诚信，助力企业信用修复。①

（7）刑事诉讼诉前羁押必要性审查覆盖率

"刑事诉讼诉前羁押必要性审查覆盖率"的平均得分为82.19分，在"人权保障"指标项下，得分最低。合格率为100%，良好率为70.94%，优秀率为32.48%。浙江省杭州市余杭区和河北省沧州市吴桥县得分超过95分。数据显示，实践工作中，也有不少地区表现较为突出，例如除上述两样本县外，新疆维吾尔自治区和田地区和田市、山西省晋中市平遥县、湖南省常德市武陵区等地"刑事诉讼诉前羁押必要性审查覆盖率"为100%，这些样本县的做法值得参考。以浙江省杭州市余杭区为例，其积极探索将诉前会议与追赃挽损、羁押必要性审查、认罪认罚从宽等工作结合，发挥检察院诉前作用。②

"刑事诉讼诉前羁押必要性审查覆盖率"在所有指标中得分最低，说明大多数样本县刑事诉讼诉前羁押必要性审查工作有较大提升空间。该项指标得分较低的主要原因是部分人员依然有重实体轻程序的心理，重视结果、效率，忽略案件处理过程，甚至将羁押作为惩罚性措施，对态度不好的嫌疑人"施以

---

① 参见《惠安法院发布全省基层法院首份优化营商环境白皮书》，2021年11月16日，福建法院网。

② 许梅、余检：《共享单车"集体失踪"案后续 嫌疑人退赔30万元并道歉悔过》，《浙江法制报》2019年11月4日，第3版。

颜色",不进行必要性审查,或者在必要性审查时,考虑的因素较窄。

(8) 诉前羁押率

"诉前羁押率"的平均得分为85.36分,处于较高水平,合格率为100%,良好率为92.31%,优秀率为46.15%。有6个样本县得分超过95分。

数据显示,整体层面,"诉前羁押率"从两年前的59.3%下降至2023年1—9月的28.3%。县域层面,有多个样本县"诉前羁押率"的降幅较大。例如,浙江省金华市义乌市"诉前羁押率"从35.6%降至15%;福建省泉州市晋江市"诉前羁押率"为39.32%,同比减少10.07个百分点;山西省太原市小店区下降了15%;安徽省合肥市肥东县同比下降12.8%;辽宁省大连市瓦房店市的"诉前羁押率"从2018年的54.9%降至2021年的42.7%;湖南省湘潭市湘潭县的"诉前羁押率"从2021年的45.47%降至2022年的33.33%。浙江省衢州市常山县,江苏省无锡市江阴市,湖南省常德市武陵区、长沙市宁乡市,甘肃省兰州市七里河区,广东省广州市南沙区等地均降至20%至30%不等。河北省沧州市吴桥县、广东省佛山市南海区、江苏省无锡市宜兴市等地下降到10%—20%,浙江省台州市黄岩区降至7%。

部分得分较高的样本县实施的司法政策值得借鉴。例如江西省南昌市南昌县明确涉企案件"慎诉"标准,进一步细化法定、酌定从轻、减轻、从重等情节的标准,贯彻好宽严相济刑事政策,同时联合公安、法院、司法局等部门,完善认罪认罚相关规范性文件,引入律师协助释法说理,充分发挥诉前、审前的分流和过滤作用,增强规范的程序适用度和自愿性,进一步降低诉前羁押率,为适用非羁押措施创造良好条件。同时也应注意到,有个别样本县"诉前羁押率"严重高于上年度,在该项工作上仍有较大改善空间。

(9) 轻刑起诉率

"轻刑起诉率"的平均得分为84.97分,处于较高水平,合格率为100%,良好率为95.72%,优秀率为44.44%。浙江省温州市乐清市得分超过95分。四川省该项指标平均得分为90.2分,为所有省级样本中最高,且该省有三个样本县成绩优秀,分别为四川省遂宁市射洪市、绵阳市游仙区、攀枝花市米易县,这些地区的"轻刑起诉率"同比上一年下降明显。数据显示,甘肃省兰州市七里河区等地的"轻刑起诉率"低于30%,湖南省常德市武陵区等地低于35%,说明这些地区在贯彻落实"少捕慎诉慎押"理念方面工作也较为突出。其他各地未来的工作重心也应当坚持少捕慎诉、宽严相济理念,改变重打击轻保护办案观,实现法律效果、政治效果、社会效果的统一。

(10) 共享法庭普及率

"共享法庭普及率"平均得分为83.23分,处于较低水平。良好率为100%,优秀率为20.51%,具体得分分布如图4.9所示。

得分在优秀区间的样本县共24个,分布于浙江(10个),上海、河南、重庆(各3个),北京(2个),山西、河北、内蒙古(各1个)。数据显示,浙江省绍兴市新昌县、湖州市德清县、丽水市景宁县、舟山市岱山县,河南省商丘市永城市、

四 司法公平正义 / 93

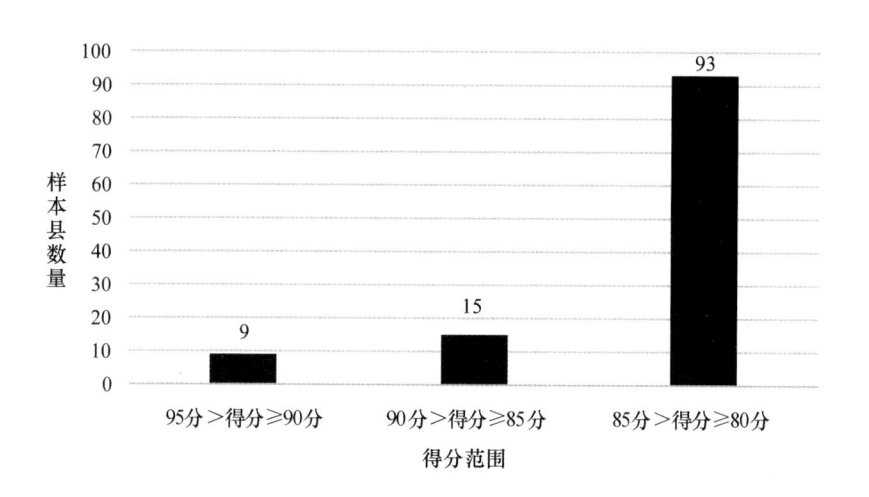

图 4.9 "共享法庭普及率"得分分布

河北省承德市滦平县，山西省晋中市平遥县，青海省海北州祁连县等地区"共享法庭普及率"达到了90%以上。

浙江省有超过一半的样本县该项指标测评结果为优秀，这与近年来浙江大力推进数字化改革有关。浙江省的数字化改革走在全国前列。例如，三级指标"共享法庭普及率"中，丽水市景宁县得分为100分，浙江省平均得分也达到了85.45的高分。共享法庭是浙江法院推出的一个重大改革创新。丽水市区域面积大、人口分布散，群众诉讼较为不便。2021年5月，丽水市中级人民法院在充分调研的基础上，指导各基层人民法院在法院本部、人民法庭、律师事务所以及乡镇街道、村委会和金融邮政服务网点等地专门建成首批83个"共享法庭"。[①] 浙江省丽水市中院创设共享法庭还入选了《人民法院司法改革案

---

① 参见《丽水推出首批83个共享法庭——诉讼服务送到群众家门口》，《浙江日报》2021年6月15日，第2版。

例选编（十一）》。随后，这一机制创新也得到了各地复用。"共享法庭"是用现代科技手段，打破时空限制，将司法服务延伸至村社最基层领域，形成涵盖镇街、村社、网格、行业协会的城乡司法服务新布局。少数样本县该项指标得分刚刚及格，这些地方多位于该省经济落后地区。

3. 司法公平正义的相关思考

上述分析表明，司法公平正义取得的成绩和成效整体突出，但存在的问题也不少。个别地方出现冤假错案、司法腐败等情况，严重影响了司法权威，司法公正的水平离人民群众的期待还有距离。以下几点应当重视：

第一，严格贯彻宽严相济刑事政策。宽严相济是我国的基本刑事政策，其要求确保无罪的人不受刑事追究，有罪的人受到公正惩罚，当事人的合法权益能够得以维护。各地在落实宽严相济刑事政策方面进行了积极探索。例如，最高人民法院、最高人民检察院在全国人民代表大会常务委员会的授权下在北京、上海、南京、杭州多地开展了认罪认罚从宽制度试点工作。多省市制定发布了认罪认罚从宽制度、少捕慎诉慎押制度的实施细则、案件指引、典型案例，以推进宽严相济政策的准确适用。在推进政策落地的过程中，也存在应捕不捕、应诉不诉的问题，同时也应当注意，不可为追求指标得分而盲目适用不捕不押。

认罚从宽和少捕慎诉慎押制度有利于节约司法资源、保障司法人权、促进社会和谐稳定。办案人员应当秉持严惩严重犯罪绝不动摇、轻罪依法少捕慎诉慎押的理念。认罚从宽和少捕慎诉慎押制度要进一步完善。各地应当更加重视保障人权，把严格司法与柔性司法结合起来，实现司法的最佳效果。在当前全国大力营造法治化营商环境的背景下，各地司法机关要防止将经济纠纷当作经济犯罪，将民事案件变为刑事案件，侵犯民营企业人身和财产安全，要做到最大限度保证民营企业正常生产经营。各地方应当积极探索对非羁押人员的有效监管措施，切实降低羁押率。

第二，健全以自动履行为主的执行长效机制。"切实解决执行难""依法保障胜诉当事人及时实现权益"是党的十八届四中全会《关于全面推进依法治国若干重大问题的决定》明确提出的目标。为化解执行难，最高人民法院先后出台了多个化解执行难的司法解释和规范性文件。例如，2016年4月29日，最高人民法院制定了《关于落实"用两到三年时间基本解决执行难问题"的工作纲要》；2019年6月3日，最高人民法院发布了《关于深化执行改革健全解决执行难长效机制的意见——人民法院执行工作纲要（2019—2023）》。各地在探索解决执行难方面也取得了重大进展。例如，在欠款纠纷执行案中引入"临时管理人"监管企业生产经营；在执行查控中，开展联合信用惩戒等。目前全国法院已实现"基本解决执行难"，但与"切实解决执行难"的目标还有距离，与人民群众的期待还有差距。"消极执行""选择性执行""乱执行""规避执行""抗拒执行""干预执行"现象依然存在，严重影响胜诉当事人合法权益的实现，损害司法公信和社会诚信。

如何破解执行难，是人民群众高度关注的话题。解决执行难需多部门合力，多措并举，不断健全以自动履行为主、强制履行为辅的执行长效机制。例如，法院合理配置审判执行团队、引入专业力量，提升执行效率；健全现代化执行工作机制，推进信息化与执行工作的深度融合，提高执行查控工作的精准度；重点打击规避、逃避、抗拒执行的失信被执行人，提升威慑力等。自动履行依靠信用。信用建设十分关键。各地应从信用建设、风险防范意识等方面推进执行难源头治理。

第三，加强数字司法建设。充分运用数字化手段和数字化思维，有助于全面提升司法的科学水平和效率。不少省份已将数字司法平台投入日常使用并得到普遍推广应用，如浙江丽水探索"共享法庭"，破解基层资源分散、专业力量不足、群众司法成本高等问题；浙江杭州推行"非羁码"创新刑事羁押人员数智监管模式，降低审前羁押率提升监管效能。

在司法公平正义项下，数字司法得分并不高，具体可归结于以下主客观原因：部分地区欠缺经济条件，或者经济资源配置不合理，对智慧司法的财政投入不够；部分办案人员对智慧司法的理解认识不同，难以统一适应新技术；部分地区追求形式大于实质，为创新而创新，仅仅加强硬件建设而不充分开发利用，固守传统工作方法；各地区和部门存在信息壁垒，智慧司法应用无法实现地区间、部门之间、部门内部数据共享，无法有效发挥其智慧、高效的功能。

实践表明，互联网技术、智能技术的应用，能够为司法系统的线上诉讼、电子监督、督促执行、普法教育等提供有力支撑。未来各地应顺应数字化大趋势，继续加强数字司法"硬件"方面的巩固和"软件"方面的提升，推广线上与线下相融合的多维度、全天候的司法服务，突破时间空间限制，以差异化、个性化、便捷化、高效化服务满足群众的多元化司法需求，充分展现坚持司法为民、守护公平正义、提高人权司法保障水平的情怀与担当。

（三）样本县经验——浙江常山

常山县隶属浙江省衢州市，位于浙江省西南部、金衢盆地西部、钱塘江上游，历史上素有"八省通衢、两浙首站"之称。东汉建安二十三年（218年）建县，始称定阳；唐咸亨五年（674年），分信安在原定阳县地置常山县，以县治南有常山（又名长山，即今湖山）命名，以常山县为名自此始。近年来，常山县人民法院在上级法院党组和县委的坚强领导下，积极探索后发地区弯道超车的实现路径。2021年以来，常山县人民法院已经连续三年办案质效排名全省前列，实现了从"跟跑"到"领跑"的跨越，被衢州中院记集体三等功两次，被省高院评为"全省突出贡献法院"。

（1）加强政治建设，政治生态持续稳中向好

一是实践选树一批，激活干事热情。创建"天平U理"党建品牌，严格落实"支部建在庭（处、室）上"要求，出台关于加强党支部战斗堡垒作用29条意见和"常法先锋、比学拼争"党员积分管理办法，强化党建与业务融合，激发党员先锋模范作用和党支部战斗堡垒作用，在抗疫大战大考实战检验中，被评为全省法院系统疫情防控先进集体。

二是提拔培养一批，激发担当作为。高要求高质量开展政法队伍教育整顿，6篇经验材料被省级以上教育整顿办公室采

用，排名全省基层政法单位第一，得到中央督导组、省指导组高度肯定。不断巩固深化队伍教育整顿成果，顺利完成班子换届，选拔任用中层干部18人，80、90后中层占比88.89%，干部年龄结构和文化层次显著优化。

三是处理审结一批，激扬风清气正。压紧压实全面从严治党主体责任，常态化开展党务政务日常检查和专项督察，两年多来共运用第一种形态处理干部76人次，队伍战斗力不断增强，政治生态持续向上向好，司法公信力显著提升。

（2）主动服务大局，经济社会实现快速发展

一是搭平台。认真落实省委营商环境优化提升"一号改革工程"，率先在经济开发区内设立民营经济司法服务保障中心，集中办理以开发区内企业为原告或被告的案件，为企业提供多元调解、风险诊断、法律咨询等12项司法服务，大大降低企业经营成本，减少企业涉诉纠纷。中心运行以来，涉企案件平均审理天数缩短13.5天，企业涉诉量同比下降31.39%。

二是建标尺。积极发挥审判职能，依法保护民营企业产权和民营企业家合法权益，为民营企业和民营企业家专心创业、放心投资、安心经营营造良好环境，办理常山县某公司员工职务侵占案等案件，得到社会一致认可。

三是重拯救。充分发挥破产拯救功能，完善破产案件市场化重整机制，2021年破产拯救率25%，远超全省1.9%的平均水平，办理的常山县大胡山果蔬公司破产清算转重整案入选全国法院助力中小微企业发展典型案例。常山县人民法院围绕中心、服务大局工作先后被新华社、《浙江日报》、《浙江法治报》等报道，有力地促进了常山经济社会的跨越式高质量发展。2022

年，常山山区26县考核从全省第22位上升至第9位，共同富裕考核从全省第77位跃升至第9位、山区26县第1位。

（3）做实司法为民，群众获得感满意度明显提升

一是谱"共建曲"唱出司法协作"双城记"。针对地处浙赣边际实际情况，联合江西省玉山县法院建立浙赣边际（衢饶示范区）全方位司法协作机制，推进司法服务标准协同、执行跨域联动、信息全域共享，并将当事人是江西籍的所有民商事案件全部集中到与江西省交界的红旗岗法庭管辖，方便边际群众诉讼，得到了边际群众的欢迎。据统计，近年来常山县人民法院立案受理的一审民商事案件中，有15%的案件当事人在案件具有两个或两个以上管辖权法院的情况下，首选常山县人民法院诉讼。2022年，省法学会法治文化研究会年会专题研究"常山现象"，认为常山已经成为群众诉讼的优选地，成为我省司法文明向中西部地区辐射的桥头堡。

二是以"小支点"撬动司法服务"大提升"。将"共享法庭"全面融入社会基层治理，建立"共享法庭＋民生议事堂""共享法庭＋大综合一体化"等融治理模式，成立"共享法庭"U呼我应指挥中心，采用"庭务主任点单＋指挥中心派单＋法官接单"形式，把司法服务送到群众家门口，累计开展指导调解2824件、化解纠纷1604件，提炼总结的"共享法庭"建设常山经验及优化路径被省"八八战略"研究成果专报刊发，得到省高院主要领导批示肯定。

三是用"新方式"助推司法场景"微改革"。成立全省首个"刑民一体"的少年法庭工作办公室，"如颖随形"少年法庭项目成功入选省妇女儿童发展规划示范项目，助力常山创成

全国未成年人保护示范县。创新打造"庭后五分钟"以案宣讲普法新模式，形式新颖、内容扎实、效果显著，得到了社会各界的广泛赞誉。

(4) 狠抓管理考核，队建与质效得到新的加强

一是优化绩效考核"指挥棒"。坚持办案实绩导向，拉高标杆，高位推动，强化争先创优意识和发达省份意识，坚决摒弃山区思维，切实将办案质效作为干警评优评先、职级晋升、岗位调整的重要依据。两年多来，对绩效考核不达标的5个庭室、9名干警取消当年评优评先资格，3名干警作岗位调整，1名法官作退额处理。

二是用好案件管控"放大镜"。做实全员绩效考核，压实院庭长监督管理职责，持续放大案件评查、案件全生命周期管控等叠加效应，实现办案质效大幅跃升，并稳居全省前列。2021年办案质效指标排名全省基层法院第二名、衢州市基层法院第一名；2022年办案质效指标排名全省基层法院第四名、衢州市基层法院第一名；2023年上半年办案质效指标排名全省基层法院第一名、衢州市基层法院第一名。

三是打造人才培养"孵化器"。围绕建设变革型组织、塑造变革型能力，加强队伍专业化建设，先后组织干警赴多所"双一流"高校开展各类培训500余人次。突出后备人才培养，成立全国首个以法官助理为主体、以简案办理为主业、以后备法官培养为目标的"法官孵化中心"，实现培育优秀法官与激发团队效能有效融合。中心运行以来，2批4名法官助理团队累计收案1749件，结案1684件，法官孵化中心的1名法官助理成功遴选为员额法官，迅速完成角色转换。

五　全民尊法守法

"全民尊法守法"是指所有社会成员普遍尊重和信仰法律、依法行使权利和履行义务的状态。法治社会是构筑法治国家的基础。全民尊法守法是法治社会建设的目标。只有让法治成为全民的思维方式和行为习惯，让全体人民都成为法治的忠实崇尚者、自觉遵守者、坚定捍卫者，才能全面建成法治社会。全民尊法守法的基础性工作是否做到位、是否切实保护公民和企业权利、是否深入推进社会治理法治化等工作状况都直接影响法治社会建设的成效。

全民尊法守法指标下设"增强法治观念""增强权利保护""社会治理法治化""依法治理网络空间"四个二级指标。

（一）指标释义

1. 增强法治观念

"法治观念"是法治的精神要件。党的二十大报告提出："深入开展法治宣传教育，增强全民法治观念。"[①]增强法治观念

[①] 习近平：《高举中国特色社会主义伟大旗帜　为全面建设社会主义现代化国家而团结奋斗》，《党的二十大报告辅导读本》，人民出版社2022年版，第38页。

的目标是全社会法治精神的普遍形成。

遵守法律是做人的底线。社会主义法治精神既有法律的制约，又蕴含着道德的劝诫。法治精神离不开道德的滋养。道德教化增强法治底蕴。社会主义法治精神既包括对中华优秀传统文化的传承，也包括对西方法治精神的借鉴。法治精神体现了人类的共同价值。

2. 增强权利保护

"权利保护"是指对公民权利的法律保障。权利保护是法治的核心内涵。立法是将公民的权利以法律的形式确认下来，运用国家强制力加以保护。宪法规定公民的基本权利和义务。司法是通过法律制裁各种侵权行为，保障公民的权利。

权利保护是法治社会建设的实质指向。习近平总书记指出："我们要依法保障全体公民享有广泛的权利，保障公民的人身权、财产权、基本政治权利等各项权利不受侵犯，保证公民的经济、文化、社会等各方面权利得到落实，努力维护最广大人民根本利益，保障人民群众对美好生活的向往和追求。"[1]法治信仰不是纯粹的精神寄托，而是实实在在的利益平衡，最终要落脚在权利保障上。权利是每个人的真正财富。各类社会主体的合法权益都必须得到有效保护。[2]

---

[1] 习近平：《坚定不移走中国人权发展道路 更好推动我国人权事业发展》，《人民日报》2022年2月27日，第1版。

[2] 参见钱弘道《法治社会的构成要件》，《民主与法制时报》2023年10月26日，第6版。

3. 社会治理法治化

"社会治理法治化"是指在社会治理中运用法治思维和法治方式维护群众利益、处理社会问题、化解矛盾纠纷。社会治理法治化是法治社会建设的必然要求，是信仰法治、保护权利的必然逻辑和结果。从社会管制到社会管理再到社会治理的过程就是法治化的过程。法治化是社会治理的内在要求。社会治理的目标是善治。法治化就是善治的表现形态。

社会治理法治化是治理体系和治理能力现代化的重要内容。《法治社会建设纲要》要求"全面提升社会治理法治化"[1]。党的二十大报告强调"提升社会治理法治化水平"[2]。社会治理是社会共同体通过平等合作、交流、协商等方式，依法共同对社会事务进行的管理活动。社会治理法治化是一个多层次多领域的系统工程。[3]

4. 依法治理网络空间

依法治理网络空间是指规范网络行为、维护网络秩序，严厉打击网络诈骗、网络窃密等违法犯罪活动。党的二十大报告提出："健全网络综合治理体系，推动形成良好网络生态。"[4]

---

[1] 《法治社会建设实施纲要（2020—2025年）》，人民出版社2020年版，第12页。

[2] 习近平：《高举中国特色社会主义伟大旗帜　为全面建设社会主义现代化国家而团结奋斗》，《党的二十大报告辅导读本》，人民出版社2022年版，第38页。

[3] 参见钱弘道《法治社会的构成要件》，《民主与法制时报》2023年10月26日，第6版。

[4] 习近平：《高举中国特色社会主义伟大旗帜　为全面建设社会主义现代化国家而团结奋斗》，《党的二十大报告辅导读本》，人民出版社2022年版，第39页。

《法治社会建设实施纲要（2020—2025年）》规定："推动社会治理从现实社会向网络空间覆盖，建立健全网络综合治理体系，加强依法管网、依法办网、依法上网，全面推进网络空间法治化，营造清朗的网络空间。"[1]

依法治理网络空间是数字化发展的国家布局和发展实践对法治建设提出来的新课题，也是国家治理体系和治理能力现代化建设的重要内容。加强法治建设是网络空间实现依法治理的基本路径。数字化规范发展，网络空间依法治理，都离不开国家的法治建设。从打击网络谣言、网络暴力等违法犯罪行为，到整治"饭圈"乱象、"网络水军"等突出问题，从规范网络市场秩序到维护国家网络安全，营造清朗网络空间都需要切实维护人民群众在网络空间的合法权益，依法加强网络空间治理。

（二）数据分析

1. 全民尊法守法数据的整体分析

全民尊法守法相关指标数据可以反映全国样本县法治社会建设的整体状况。样本县全民尊法守法指标平均分为83.56分，最高分为89.57分，最低分为78.36分，共有54个样本县得分超过平均分。在本次参与测评的样本县中，合格率为100%，大部分样本县的全民尊法守法指标数据结果表现良好。

从省域层面看，全民尊法守法指标得分83.56分以上的样

---

[1] 《法治社会建设实施纲要（2020—2025年）》，中国法制出版社2020年版，第16—17页。

本县主要分布于以下省域：浙江（10个）、福建（4个）、宁夏（4个）、新疆（4个）、广东（3个）、江苏（3个）、云南（3个）、湖南（2个）、内蒙古（2个）、四川（2个）、山西（2个）、广西（2个）。这可以反映这些省域对于推进全民尊法守法工作的总体重视程度以及法治观念、权利保护、社会治理法治化、网络空间治理的基本状况。全民尊法守法指标得分85分以上的样本县大部分分布于浙江、福建、宁夏、新疆等省域。这在一定程度上表明，这些省域在推动全民尊法守法工作方面的成效比较突出。

表5.1　　　　　全民尊法守法一级/二级指标整体数据

指标名称	平均分	最高分	最低分	中位数
全民尊法守法（一级指标）	83.56	89.57	78.36	83.36
社会治理法治化（二级指标）	82.50	90.50	76.63	82.38
增强权利保护（二级指标）	84.72	92.50	80.00	83.50
增强法治观念（二级指标）	83.98	91.50	78.75	84.00
依法治理网络空间（二级指标）	86.38	100	70.00	86.00

从县域层面看，一级指标数据表明各个样本县全民尊法守法状况总体良好。样本县全民尊法守法一级指标得分分布情况如图5.1所示。本次参与评测的样本县中，浙江省杭州市余杭区、广东省深圳市龙岗区、浙江省舟山市岱山县、湖南省常德市武陵区、福建省福州市闽侯县、福建省泉州市惠安县、浙江省丽水市景宁县、山西省晋中市平遥县、浙江省湖州市德清县等25个样本县得分在85分—90分。数据结果表现良好的样本县仍存在一些短板。例如：山西省晋中市平遥县需要提升矛盾

纠纷就地化解率。

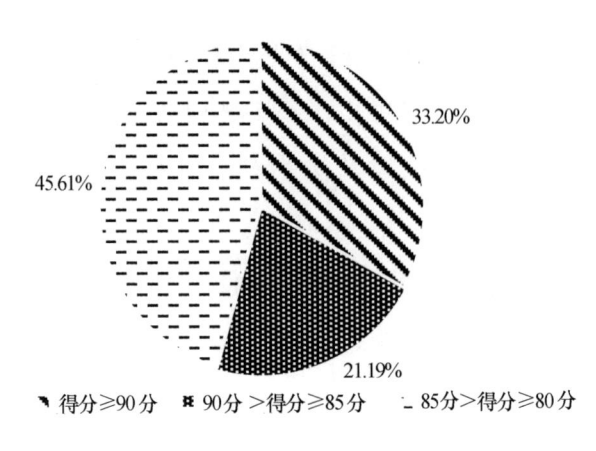

图 5.1 "全民尊法守法"一级指标得分占比

（饼图数据：得分≥90分：33.20%；90分>得分≥85分：21.19%；85分>得分≥80分：45.61%）

二级指标也同样反映了样本县在全民尊法守法方面的良好表现。4个二级指标平均得分最高的是依法治理网络空间指标，得分为86.38分，这说明各地网络空间治理工作得到了较好的推进。另外3个二级指标——社会治理法治化、增强权利保护、增强法治观念平均得分均高于80分，分别为82.50分、84.72分、83.98分。

数据表明，各样本县在推进全民尊法守法工作方面的具体措施及成效存在一定差异。图5.2为全国样本县中全民尊法守法指标得分最高的10个样本县得分情况，得分均超过85分。其中，浙江省杭州市余杭区、广东省深圳市龙岗区、浙江省舟山市岱山县得分较高，分别为89.57分、89.43分、89.36分。从相关资料看，这些得分较高的样本县在全民普法、传统普法阵地建设以及新媒体普法运用等方面可圈可点，营造了良好的法治氛围，提高了人民群众的法治获得感。此外，数据结果表现良好的样本县在全民尊法守法的工作重心上存在一定区域差异。例如广东省深圳市龙岗区在万人成讼率、万人失信率、信访量等几个方面工作成效突出,但宪法宣誓覆盖率方面稍显不足;江苏省苏州市昆山市在万人犯罪率、万人失信率、信访量、万人法律援助率等方面指标得分较高,省级及以上"枫桥式"司法所建设工作仍需进一步贯彻落实;浙江省杭州市余杭区着力推进社会治理法治化进程,但在社会普法组织数量、村(社)公共法律服务点覆盖率和万人法律援助率三个方面仍需改进。

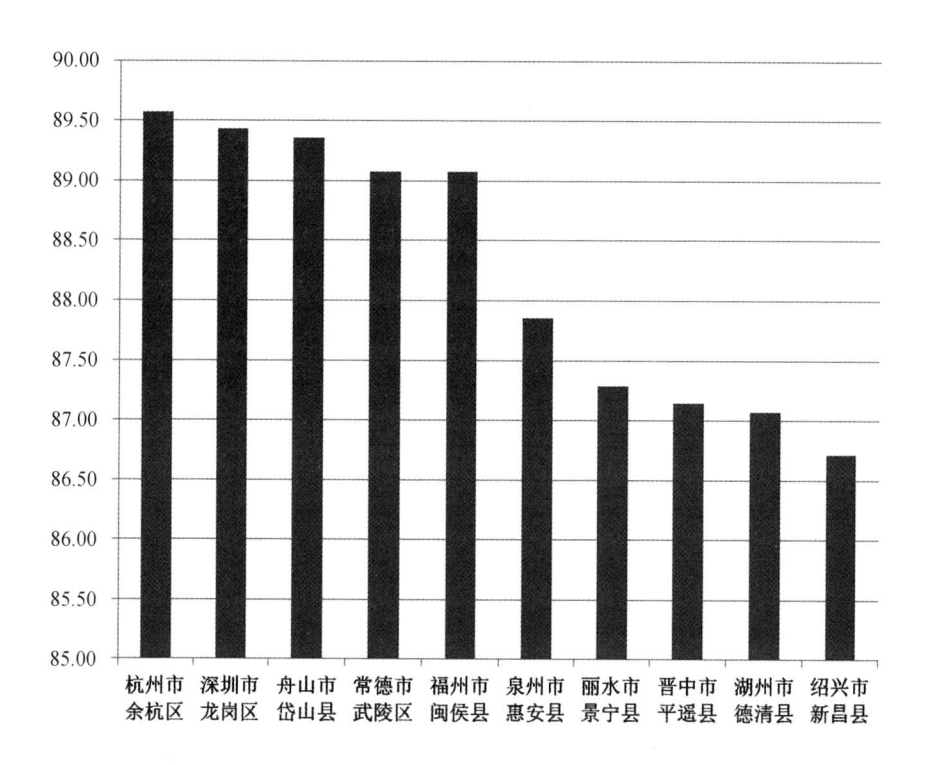

图5.2 "全民尊法守法"得分最高地区数据情况

从统计数据看，各地需进一步推进普法强基补短板专项行动，全面落实各项普法任务，持续发力、真抓实干、开拓进取、久久为功。只有深入推进全民守法普法，才能筑牢全面依法治国的根基。

2. 全民尊法守法若干单项指标分析

（1）万人犯罪率

"万人犯罪率"用来计算某一特定地区犯罪个体数与人口总数的比率。"犯罪个体数"指刑事生效犯罪人数，即触犯法律的相关规定、依照法律应当追究刑事责任的并已经发生法律效力的罪犯人数。万人犯罪率指标是全面小康建设的重要指标，用以评估样本县普法宣传力度、人民守法意识及基层矛盾纠纷化解能力等多方面的情况。

样本县测评数据显示，万人犯罪率平均得分为 81.36 分，优秀率为 16.23%，良好以上为 79.49%。测评数据体现了公民守法意识的普遍良好状况及基层社会秩序的稳定平安。其中大部分样本县万人犯罪率呈逐年下降趋势，有较多样本县取得了优异的成绩，例如湖南省常德市武陵区，2022 年万人犯罪率同比下降 45.11%。

数据表明该项指标得分与各样本县经济发展水平、教育水平、社会财富分配状况及基层矛盾就地化解率有一定的相关性。数据也表明，通过科学精准组织群众普法宣传，加大宣传力度，提升人民群众懂法守法水平，对万人犯罪率的降低有明显的正向作用。

（2）市级以上民主法治村（社区）占比

创建民主法治村（社区）是落实依法治国方略的具体实

践，是推进全民尊法守法工作的有效方法，是推进基层法治建设的重要举措。"市级以上民主法治村（社区）占比"，即样本县中市级以上民主法治村（社区）占当地村（社区）总数的比例。该指标的设立用以考察样本县基层普法依法治理工作水平、民主法治示范村（社区）创建活动扎实程度及法治乡村（社区）建设进程。

本次全国样本县测评中，"市级以上民主法治村（社区）占比"指标平均得分84.27分，优秀率为25.64%，良好以上为88.03%，合格率为100%。数据显示，全国样本县整体表现良好。这表明全国各地都能够做到把"民主法治示范村（社区）"作为全面推进法治乡村建设、实施乡村振兴战略的有效载体，将法治宣传、法律服务和法治保障的"触角"延伸到村组、社区，为广大群众提供精准、精细、优质的法律服务，提供良好法治环境。

以浙江省杭州市余杭区为例。余杭区径山镇径山村入选第九批"全国民主法治示范村（社区）"，径山镇麻车头村等7个村社入选2022年度浙江省省级"民主法治村（社区）"，全域形成了连点成面、连面成群的民主法治村社全景。全国很大一部分地区依托当地特色产业或特色文化，将法治思维和法治方式贯穿于服务之中，着力提升服务水平，优化营商环境，通过法治引领和护航乡村社区经济发展，经济发展反过来又赋能社会资源合理配置，推进法治乡村社区建设。

（3）法律援助万人受援率

法律援助是一项扶助贫弱、保障社会弱势群体合法权益的社会公益事业，同时也是我国实践依法治国方略、促进司法公平争正义的必要举措。"法律援助万人受援率"指标旨在考察样本县法律援助惠民工程推进进程,是否采取有效措施保障公民合法权益,帮扶弱势群体,维护司法公平正义,构建社会主义和谐社会。在本次测评中,法律援助万人受援率指标全国样本县平均得分为83.64分,各分数区间样本县数量占比如图5.3所示,优秀率为21.37%,过半数以上样本县得分高于80分,但有47%的样本县得分未达到良好水平。数据显示,相较于其他三级指标,法律援助万人受援率全国样本县得分整体较低,且样本县间得分差距较大。

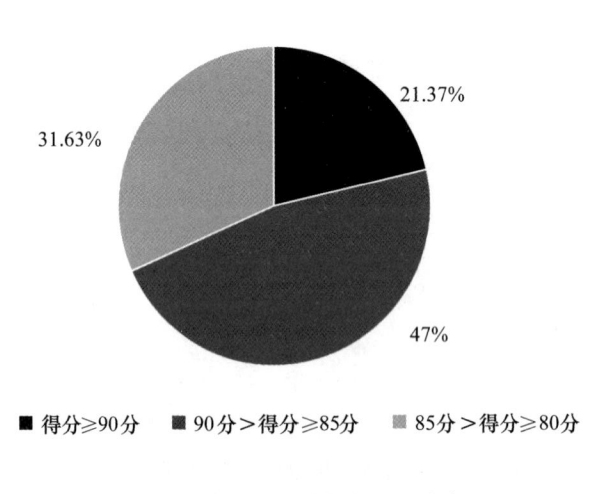

图5.3 法律援助万人受援率全国得分占比

结合调研及测评过程,我们发现一部分地区虽然重视法律援助工作,但却"有心无力",在法律援助上存在较为严重的供需矛盾问题。该问题受到经济发展水平不平衡、法律援助经费短缺、法援工作机制不成熟、规范化建设不到位、队伍建设未加强、法援宣传不到位等因素的影响,解决方案亟待探索。

得分优秀的样本县法律援助工作推进成效显著。例如，安徽省合肥市肥东县法律援助万人受援率为14，重庆市渝北区为15.17，江苏省苏州市太仓市为14.4等。通过分析其具体工作举措及方法，我们发现这些样本县都能因地制宜地构建良性法律援助工作格局，构筑法律援助网络，充分利用社会资源，建立社会多元主体共同参与的法律援助工作格局，以强化队伍保障和经费支撑为基础，创新法律援助协同服务机制，提升人民群众切实的法治获得感，努力维护社会公平公正。

3. 全民尊法守法的相关思考

全民尊法守法，意味着法治信仰普遍形成。法治信仰是法治社会建设的精神源泉。法治社会的根本目标是让法治成为人民的普遍信仰，让法治变成人民的生活方式。培育法治信仰，领导干部要带头尊法学法守法用法。社会治理法治化是为了有效化解矛盾纠纷、全力保护公民权利、加快培育法治信仰。

（1）落实"谁执法谁普法"普法责任制

2017年，中共中央办公厅、国务院办公厅印发了《关于实行国家机关"谁执法谁普法"普法责任制的意见》。中央层面成立了落实普法责任制部际联席会议，全国普法办统一编制并公布了两批中央和国家机关普法责任清单，"谁执法谁普法"普法责任制全面实行。最高人民法院开通中国裁判文书网，最高人民法院、司法部建立了国家工作人员旁听庭审活动工作机制，最高人民检察院、公安部定期分类发布案例，这些重要举措都极大地推进了全民普法工作。"谁执法谁普法"普法责任制使每个法治实践部门成为普法机构，使每一位法治实践者成为普法者。中国形成了独具特色的"大普法"格局。[①] 从测评数据和相关资料看，全国各地都在不同程度落实"谁执法谁普法"普法责任制。一些地方落实"谁执法谁普法"普法责任制力度不够，工作成效不明显。

(2) 做好领导干部述法工作

从相关资料看，一些地方的"领导干部述法"取得了明显成效。领导干部述法是发挥"领头雁"作用的有效方法。领导干部述法既明确了法治工作任务，又监督了法治工作任务落实过程，还检验了法治工作的成效。这是一种从目标到效果的闭环机制。从目标任务角度来讲，领导干部述法体现了党委依法执政、政府依法行政、司法公平正义、全民尊法守法、法治监督健全、法治保障有力六个维度的基层法治建设的目标任务要求。从运用法治思维和法治方式的能力角度讲，领导干部述法是提高运用法治思维和法治方式的能力的有效方法。从培育法治理念和精神角度来讲，领导干部述法是自己学法、履行普法责任、培育法治理念和精神的可行途径。从法治效果来讲，领导干部述法是通过效果评价倒逼法治工作的一种机制。法治建设，最重要的一条，是要实现法治自觉化。当干部就是一种修行。为人民群众办事，化解矛盾纠纷，保护人民群众合法权益，是做干部的职责所在，就是努力修行的过程。在法治建设的全过程中，领导干部必须努力做到"学""修""传"——以

[①] 参见钱弘道《法治社会的构成要件》，《民主与法制时报》2023年10月26日，第6版。

贯之，既要学法，又要修身，还要传播法治精神。①

（3）坚持和发展新时代"枫桥经验"

"枫桥经验"是中国式现代化的典型案例。"枫桥经验"是发动和依靠人民群众就地化解矛盾的方法。当中国特色社会主义走进新时代，"枫桥经验"转型为新时代"枫桥经验"。新时代"枫桥经验"是党领导的多元共治格局下自治、法治、德治、智治相融合的化解矛盾纠纷、促进社会平安和谐的基层社会治理方法。坚持和发展新时代"枫桥经验"是法治社会建设的抓手。新时代"枫桥经验"在全国各地基层矛盾纠纷化解工作中得到了广泛运用，但也有一些地方对新时代"枫桥经验"重视程度不够，并没有真正坚持好发展好新时代"枫桥经验"。

（三）样本县经验——浙江乐清、余杭

1. 浙江乐清

乐清市隶属浙江省温州市。截至2023年6月底，乐清市登记在册新居民达67万，占常住人口数近一半。针对新居民基数大、法律意识薄弱、涉案警情多、合法权益保障难等现状，乐清市笃学践行习近平法治思想，积极探索"枫桥式以外调外"新模式，充分发挥"老乡民警工作室""乡音""乡情"优势，建立"三乡"队伍、完善"三访"机制、打造"三心"工程，切实增强新居民法治意识，维护新居民合法权益，努力

---

① 参见钱弘道《如何全面推进各方面工作法治化》，《法治参考》第24期，2022年12月15日。

使尊法学法守法用法在新居民群体中蔚然成风。

(1) 建立"三乡"队伍，织密普法宣传"一张网"

一是"乡音"宣传员队伍。面向新居民聚集村居招募20余名新居民普法宣传员，以走访入户、巡逻宣讲等形式，广泛开展普法宣传，用乡音将法律知识带进老乡家里，将法律意识种进老乡心里。二是"乡商"联络员队伍。建立由在乐异地商会10名联络员组成的"乡商"联络员队伍，健全"乡警乡商"信息共享机制，实现"乡警"与"乡商"信息互联互通。结合"法律进企业"活动，每月召开联络员会议，指导开展新居民普法宣传、矛盾纠纷化解、安全防范教育等工作。三是"乡情"调解员队伍。招募一批热爱调解事业、清廉公道正派、具有一定政策法律素养，具有较高威望和较强号召力的新居民担任"乡情"调解员，充分利用老乡间风俗相似、语言相通、情感相近的优势，参与各类矛盾纠纷化解，用"乡情"拉近距离，用法律摆正事实，促进调解效果最大化。

(2) 完善"三访"机制，解好矛盾纠纷"一个结"

一是全量警情"回访"。对所有涉及新居民的警情进行逐一回访，详细了解细节，听取当事人意见建议。如对被处罚的违法新居民思想动态进行摸排，及时消除和化解可能存在的不满情绪和误解；对侵财与灾害类案件的受害新居民情绪进行安抚，同时就如何防范同类案件再次发生向受害新居民及周边群众进行宣传教育，特别是针对电信网络诈骗案件，详细解读发案特点和常见诈骗手法，提高新居民自我防范意识。二是重点对象"周访"。对新居民中的前科人员、失学儿童、"五失人员"等涉稳、困难对象进行重点关注、帮扶、管控，"一人一档""一周一访"及时掌握重点对象的思想动态、现实表现、社会活动、存在困难等情况，认真排查各类风险隐患，采取有效措施及时化解与管控。同时，开展针对性的法治宣传教育，增强法治观念和信心，助力社会和谐稳定。三是矛盾调后"追访"。建立矛盾纠纷"先调后访"机制，对现场调解类案件新居民当事人有针对性地进行分析研判，对有可能再次发生纠纷的新居民进行追踪走访，及时准确地掌握调解后双方的思想动态，切实巩固前期调解成果。

（3）打造"三心"工程，搭起维权服务"一座桥"

一是打造"贴心"工程，助力法治建设。定期开展"老乡民警在身边"活动，到新居民集聚的村居、企业开展安全讲座、法律援助、心理咨询等服务30多次，惠及3000余人。围绕"化解纠纷矛盾不升级100%"的工作目标，坚持疑难纠纷全介入，从原来事态扩大后移交公安立案查处转变为老乡民警主动靠前介入，利用乡情优势及时化解平息。近年来，共调解纠纷340余件，提供法律咨询790余次。二是打造"省心"工程，助力维权帮扶。开通新居民讨薪直通车，在安抚新居民情绪的同时，帮助谋划合理合法的讨薪途径，积极营造良好稳定的社会环境。近年来，共接待讨薪新居民700余人，追回欠薪600多万元。三是打造"安心"工程，助力招才留人。积极主动协调人力社保、教育等相关部门，解决新居民劳动保障、子女入学等实际问题；对接卫生部门，常态化开展义诊活动，为70岁以上的老乡免费体检，消除新居民后顾之忧，让"新乐清人"安心扎根。

2. 浙江余杭

杭州余杭区首创法治指数，开中国量化法治之先河。从2006年开始至今，余杭坚持量化法治实践17年，推动了全国的法治发展。余杭被称为"全国法治试验田"。经过多年的实践，法治指数已经成为法治建设的标志性成果，已经从最初的"余杭做法"①发展成为"余杭经验"。法治指数对法治建设的推动是全方位的。法治指数营造了法治氛围。这种氛围是通过法治评估活动倒逼法治建设、激活公众参与法治形成的。在推动全民尊法守法、建设法治社会方面，法治评估是被实践检验行之有效的抓手。余杭法治指数一方面有效带动了政府和社会组织的法治转型，另一方面也让民众对法治的现实体验更加贴近于他们的期待。

（1）法治指数倒逼法治观念的培育

余杭区根据法治指标设定的目标要求，全面落实"谁主管谁负责""谁执法谁普法""谁服务谁普法"的普法责任制。具体措施是，一方面，以领导干部学法用法为牵引，强化公职人员法治观念，另一方面，在各种服务人民群众、企业以及培训活动中融入法治宣讲，培育法治观念。

第一，乡镇（街道）干部学法用法专项行动。余杭区健全乡镇（街道）党委理论学习中心组集体学法、重大事项决策前专题学法、任前宪法宣誓和学法培训制度，推动基层干部学法常态化。健全乡镇（街道）政府法律顾问制度、重大

---

① 2007、2008年，司法部、浙江省、杭州市领导均作出批示。有关领导批示"肯定成绩，总结经验"，"推广余杭做法"。

决策法治风险评估、行政负责人出庭应诉制度，推动基层法治建设。加大对乡镇（街道）干部法治培训力度，提升乡镇（街道）干部整体法治素养。干部学法用法既是全民法治宣传教育的重要组成部分，又能起到更好的带头表率和榜样的作用，不仅维护了社会的安定、和谐，也是法治社会健全和完善的重要体现。

第二，完善和落实普法责任制。余杭区聚焦社会热点和民生重点，全面贯彻落实《浙江省法治宣传教育工作规定》，制定并发布2023年余杭区重点单位法治宣传教育责任清单。充分利用宪法宣传周、民法典宣传月、国家安全日、国际消费者权益日、国际禁毒日等重要时间节点，广泛开展形式多样的法治宣传教育活动，加大各领域"以案释法"力度。鼓励各单位结合本领域工作特点加大"双普"教育基地建设力度，努力在全区形成主题突出、特色鲜明的法治宣传教育格局。2022年全年余杭区开展各类法治宣传活动线上165场次、线下3594场次。

第三，加大民主法治村（社区）示范创建力度。余杭区根据《法治浙江建设规划（2021—2025年）》《法治杭州建设规划（2021—2025年）》要求，加大民主法治村（社区）示范创建力度。继续组织开展全国民主法治示范村（社区）、省级民主法治村（社区）创建工作，进一步完善软硬件设施，迎接全国普法办和省普法办复核。结合全市和谐（文明、平安）社区（村）考评工作，加大市级民主法治村（社区）建设力度。在测评年度内，余杭区实地摸排确定12家省级民主法治村培育梯队，确立全区市级民主法治村（社区）占比达88%以上的年度工作目标，夯实全民法治素养提升基础。

（2）法治指数倒逼权利保护

余杭区根据法治指标设定的目标要求，全面推进公共法律服务。

第一，提升平台覆盖率，实现服务全覆盖。余杭区全面铺设法律服务平台，实现公共法律服务实体平台区、镇街、村社三级全覆盖。引进并实质运行杭州仲裁委员会余杭仲裁分会、杭州金融仲裁院。截至2023年8月，全区221个村（社区）"调委会100%"建设，推动"可信云调解"数字化平台建设，让老百姓足不出户就能享受到高效便捷的调解服务，让老百姓的诉求被看得到、被感受到，老百姓被照顾到、被温暖到；支持和鼓励依法成立22家调解类社会组织，均入驻三级矛盾调解中心，有效探索市场化解纷模式，为老百姓提供多元调解服务；建成12个镇街、89个村社、7个特设"共享法庭"，累计参与指导调解案件1582件，化解纠纷1866件，在线诉讼38件，协助执行46件次。

第二，提升服务到达率，让服务人人可享。余杭区充分运用村、社区法律顾问全覆盖优势，推行法律援助首问代办制；加大走访考核力度，着重补足山区镇街法律服务供给。余杭区推广"法雨春风""楼余法窗""千所联千会"等活动，为企业有序发展及民生各项保障提供法治支撑；发挥防疫政策法律顾问团及为企为民法律服务团两支对内、对外法律顾问团队作用，参与涉疫决策和措施合法性审查工作；为企为民法律服务团多次通过公益直播等形式，就疫情防控期间合同履行、金融纠纷、融资等事项开展专题法律培训，全方位、全周期提供法律服务。

第三，提升数字应用率，让服务时时可办。余杭区在区域中心建成"7×24小时"自助法律服务区1个，24小时无人在线智慧法律服务亭2个，累计提供自助式法律服务2万余件次；投放自助法律服务机21台，自助设备镇街覆盖率100%；将法治宣传、调解服务等功能嵌入"仁和e家人""数字门牌"等属地镇街数智治理项目，让群众在应用管理家庭事务的同时实现公共法律服务"一码可达"。

（3）法治指数倒逼社会治理法治化

余杭区根据法治指标设定的目标要求，全面推进社会治理法治化。

第一，"打造全省领先、全国一流善治之区"。余杭区聚焦大平安大治理，加快推进基层社会治理法治化，坚持和发展新时代"枫桥经验"，推动更多法治力量向引导和疏导端用力，打造共建共治共享格局，形成一批基层社会治理法治化的标志性成果。2022年，杭州市余杭区获评平安中国建设示范县，为杭州市唯一示范县。余杭区以全市第一的成绩获评2022年度浙江省法治浙江建设优秀单位。良渚司法所成功创建为省级"枫桥式"司法所；同时，该所辖区良渚文化村社区成功创建"全国民主法治示范社区"，大陆村、新港村、港南村成功创建"浙江省民主法治村"，标志着余杭区司法所建设水平进一步提档升级、基层司法行政工作进一步提质增效。

第二，诉源治理常态化制度化。余杭区落实"县乡一体、条抓块统"高效协同治理模式，提升区级社会矛盾纠纷调处化解中心效能，所有矛盾纠纷均在区级以下化解。聚焦警源、安源、访源、诉源"四源治理",推动矛盾纠纷一站受理、源头化解,调解纠纷1.13万余件,化解重复访积案1594件。动态清零信访积案,国家、省、市三级交办重复信访积案综合化解率达99.7%,列入全省信访工作现代化示范区试点。信访问题化解率达99.20%。

余杭区坚持把非诉讼纠纷解决机制挺在前面,积极筹建区级事业单位民商事调解院,全省首创建立区级大调解协会,发挥调解行业协会自治作用,进一步完善多元调解体系,全面推行应用浙里调解平台,推动诉源治理工作常态化制度化。公民法治意识和法治素养进一步提升,全区信访量、万人犯罪率、万人成讼率、万人失信率、警情数量等指标稳步下降。万人犯罪率在2020年为7.04,2021年降为6.64。截至2022年10月,全区信访量为24000余件,同比下降16.2%,万人成讼率52.13,下降10%以上。2022年,矫正监督管理和安全稳定工作也有了质的飞跃,全区矫正对象再犯罪率为0。深化30日安全管理闭环工作法,全区生产安全事故数、亡人数分别下降33.3%、22.2%。开展"平安护航建党百年"安全隐患大排查大整治专项行动,排查整治隐患2.8万余处。高标准建成区社会治理中心,建立全省首个区县级大调解协会,运行"平安风险预测预警防控"应用,新建智慧监控等物联感知设备1.37万个,刑事警情、治安警情、纠纷警情分别下降39.38%、36.43%、16.89%。

第三,"打造最讲信用的城市"。余杭区全面落实国家、省、市关于社会信用体系建设的总体部署,以"打造最讲信用的城市"为目标,有效发挥信用建设在打造一流营商环境、实施数字化改革和创新社会治理中的关键作用。余杭区在国家信息中心中经网的信用城市（县级）排名中稳居前列，2022年10月评分80.23分，位居全国第九。

（4）法治指数倒逼依法治理网络空间

余杭区根据法治指标设定的目标要求，从网络治理新需求出发，以智能化场景打造治网利器，按照"小切口、大场景"的思路，构建"清朗网络"智治系统，用"以网治网"的网络空间治理模式，创造了基层治理新成绩。

第一，"清朗网络"。"清朗网络"智治系统总体框架为"1+6"。"1"为一个整体智治驾驶舱，目前已联通用户端一同接入浙政钉。"6"是围绕依法治网和以德润网，打造"治理+服务"多跨协同6大场景，覆盖互联网内容监管、网络执法、网络安全等网络综合治理重点领域。截至2021年底，余杭区政府网络安全监测能力提升两倍，敏感级以上安全隐患出现数量下降七成，网站违规约谈数量减少五成；余杭区属政务外网平台（网站）遭受网络攻击次数从每天10余万次降到1万以下，攻击频率下降超过90%；网络内容违规信息应急处置时间从2小时缩短至10分钟以内，"清朗网络"智治系统在风险防范能力、安全防御能力、管理效能均成效显著。余杭先后成为浙江省委网信办相关系统和杭州市党政整体智治综合应用的区县特色场景。

第二，"云上护蔚"。余杭区人民检察院打造互联网检察品牌——"云上护蔚"，坚持向网络暴力"亮剑"，守护清朗网络空间。余杭区人民检察院办理的"全国首例撞库打码案""女子取快递遭诽谤案""全国首例儿童个人信息权益保护公益诉讼案"3件涉互联网犯罪案件入选最高检指导性案例。

第三,防范电信网络诈骗。余杭区开展了一系列防范电信网络诈骗系列活动,组建网络诈骗宣传志愿者队伍、反诈联盟;开展"网络安全宣传周""清朗侠在行动"等普法活动,网上普法宣传累计阅读量累计7.3亿次。

第四,"梦想E站"。余杭区主动分析痛点难点、回应群众需求,以创新型网络社会组织"梦想E站"为枢纽基地,整合互联网企业、学校、社会团体等各界资源力量,齐心打造网络普法教育标杆品牌。"梦想E站"获评浙江省首个"法润同心清朗同行"网信普法示范基地,入选浙江省2021年度有辨识度有影响力法治建设成果名单。网络空间治理成效显著,电信网络诈骗立案数、案损量分别下降了39.73%、26.76%。

(5)"余杭经验"的示范意义

量化法治先行先试的"余杭经验"对全国县域法治建设产生重要的示范效应,对法治理论研究起到重要的推动作用。

一方面,"余杭经验"在法治实践中产生重要的示范效应。余杭法治指数创新人民表达民意的渠道,是人民群众参加法治建设的一个新的渠道,让第三方评估成为推进法治的一种机制。第三方法治评估能体现数据采集的客观公正性;评估中又充分重视民意,其本质上是一种民主参与机制,对民主和法治建设能发挥有效的监督作用。因此,法治评估也是凝聚法治合力的有效途径。法治指数是法治发展的"晴雨表",在实践中产生"蝴蝶效应"[1]。余杭法治指数的意义不仅仅在于评价功能，更重要的是以法治评估为抓手，助推法治建设发展，进而推动基层治理体系和治理能力的现代化。

余杭法治指数引发了社会上广泛而热烈的讨论，也引起有关部门和领导关注。余杭法治指数在实践中得到积极推广。《人民日报》《光明日报》《法制日报》等重要媒体均予以深度报道和关注。围绕法治指数的实践和讨论被媒体称为"法治指数现象"[2]。全国多地组织人员到余杭调研考察。余杭做法被许多地方学习借鉴。全国各地借鉴余杭法治指数评估经验，纷纷开展综合或专项法治评估。余杭先后获得首批"全国法治县（市、区）创建活动先进单位"、全国平安建设先进区等称号。以余杭法治指数为代表的法治评估实践活动推动了法治评估的顶层设计。法治评估已成为中国法治建设的增长点。法治指数为数字化应用场景做了很好的准备。在数字化改革的大背景下，法治指数的应用场景建设具有强大的生命力。法治指数数字化应用场景将实现量化评估重大转型，并成为数字法治的典型案例，推动数字法治理论和制度创新。

另一方面，"余杭经验"对法治理论研究产生了重要的推动作用。法治指数在实践中的广泛应用必然带来理论研究

---

[1] 中国政法大学终身教授江平说："在互联网时代，余杭法治指数一定会产生'蝴蝶效应'，会对其他地区的执政者和党政部门形成压力和推动力，从而促进中国的法治建设进程"。参见钱弘道等《中国法治指数报告——余杭的实验（2012—2018）》，中国社会科学出版社2020年版，前言第6页。

[2] 参见钱弘道等《中国法治指数报告——余杭的实验（2012—2018）》，中国社会科学出版社2020年版，前言第6页。

的积极回应。法学界一大批学者加入法治评估研究队伍，各种论坛或研讨会不断举办，各种课题研究陆续开展，研究成果陆续发表。余杭法治指数也引起了国外学者的关注。中国法学界产生三个现象。首先，法治评估成为中国法学研究的热门领域。一大批学术成果相继问世，这些成果既有偏重于实证研究的报告分析，也有偏重于理论分析的学理性探索，更有理论和实证并重的高质量文献。尽管人们的观点还存在某种差异，但对法治评估的高度肯定是毋庸置疑的。其次，法治评估促使法学方法论产生变革。法治评估既是法学研究方法发生变革的产物，也是推动中国法学研究变革的重要因素。法治量化的兴起主要就源自于社会科学中量化研究方法对法学研究的渗透。量化法治方法为中国法治研究提供了各种可能。大数据法治作为量化法治的高级阶段，更为中国法治开辟了广阔空间。量化法治为数字法治的研究打开了一条通道，促使法学界从更符合实践需要的角度开展数字法治研究，而不是停留于理论空想。再次，法治评估催生了中国法治实践学派。一大批法学家逐渐展示实践主义精神，以法治指数实验为代表的研究昭示着中国已经出现一个崭新的学派。中国法治实践学派的产生是必然的。中国法治实践学派是以中国法治为研究对象，以探索中国法治发展道路为目标，以创新中国法治规范体系和理论体系为具体任务，以实践、实证、实验为研究方法，注重实际、实效，具有中国特色、中国风格、中国气派的学术流派。①

---

① 参见钱弘道等《中国法治指数报告——余杭的试验（2012—2018）》，中国社会科学报出版社2020年版，前言第24页。

"余杭经验"是运用量化方法和数字化技术推进基层法治发展的经验,是法治浙江实践的产物,是习近平法治思想在基层的具体践行。"余杭经验"为建设科学的法治指标体系和考核标准提供了生动范例,为各地探索量化法治和数字法治提供了可借鉴的经验,为全面推进基层法治建设标示了前进路径。①

---

① 资料来源:调研、网站和样本县提供。

六　法治监督健全

监督是治理的内在要素，在管党治党、治国理政中居于重要地位。法治监督体系是中国特色社会主义法治体系的重要组成部分，是加强对权力运行制约和监督的必然要求。《中共中央关于全面推进依法治国若干重大问题的决定》明确提出要形成"严密的法治监督体系"[1]，提出"加强党内监督、人大监督、民主监督、行政监督、司法监督、审计监督、社会监督、舆论监督制度建设，努力形成科学有效的权力运行制约和监督体系，增强监督合力和实效"[2]。这里，法治监督体系被分为八个方面。《中共中央关于坚持和完善中国特色社会主义制度推进国家治理体系和治理能力现代化若干重大问题的决定》提出："健全人大监督、民主监督、行政监督、司法监督、群众监督、舆论监督制度，发挥审计监督、统计监督职能作用。"[3]

---

[1] 参见《中共中央关于全面推进依法治国若干重大问题的决定》，人民出版社2014年版，第4页。

[2] 《中共中央关于全面推进依法治国若干重大问题的决定》，人民出版社2014年版，第18页。

[3] 《中共中央关于坚持和完善中国特色社会主义制度推进国家治理体系和治理能力现代化若干重大问题的决定》，人民出版社2019年版，第41页。

这个提法基本沿袭《中共中央关于全面推进依法治国若干重大问题的决定》。《法治中国建设规划（2020—2025 年）》提出："加强国家机关监督、民主监督、群众监督和舆论监督。"[1] 根据相关中央文件以及理论实践分析界定，法治监督可以分为党内监督、人大监督、民主监督、行政监督、司法监督、社会监督六个部分。

法治监督健全指标下设"党内监督""人大监督""民主监督""行政监督""司法监督""社会监督"六个二级指标。

（一）指标释义

1. 党内监督

"党内监督"是指各级党组织和广大党员依据党章、党规党纪和国家法律法规，对党员和党员干部进行监督。党的十九届四中全会《决定》指出，要"以党内监督为主导，推动各类监督有机贯通、相互协调"[2]。党的执政地位决定了党内监督在法治监督体系中是最基本的、第一位的。党内监督有力有效，其他监督才能发挥作用。《中国共产党党内监督条例》规定了党委（党组）全面监督、纪律检查机关专责监督、党的工作部门职能监督、党的基层组织日常监督、党员民主监督的党内监督体系。[3]

---

[1] 《法治中国建设规划（2020—2025）》，2021 年 1 月 10 日，中国政府网。

[2] 《中共中央关于坚持和完善中国特色社会主义制度推进国家治理体系和治理能力现代化若干重大问题的决定》，人民出版社 2019 年版，第 41 页。

[3] 参见《中国共产党党内监督条例》第九条。

党内监督分党委监督、纪检监督、政法委监督。其一是党委监督。2016年1月12日，习近平总书记在第十八届中央纪律检查委员会第六次全体会议上的讲话中指出："党内监督是全党的任务，第一位的是党委监督。"[①] 其二是纪委执纪监督。党的各级纪律检查委员会是党内监督的专责机关，履行监督执纪问责职责。其三是政法委执法监督。党委政法委作为党领导和管理政法工作的职能部门，开展执法监督既是其领导管理执法司法工作的具体形式，也是党内监督体系的重要组成部分。

2. 人大监督

"人大监督"是指各级人民代表大会及其常务委员会对国家行政、审判、检察机关的工作和宪法、法律的实施进行监督。习近平总书记强调："要用好宪法赋予人大的监督权，实行正确监督、有效监督、依法监督。"[②] 人民代表大会制度是我国的根本政治制度，人大监督是人民代表大会制度的重要组成部分。人大监督代表人民意志，具有直接的人民性，依照法定程序进行，具有严格的规范性。依据宪法和法律有关规定，人大监督工作主要包括工作监督和法律监督。工作监督是指通过听取和审议政府、监察委员会、法院、检察院的专项工作报告和组织执法检查，对"一府一委两院"的工作进行监督。法律监督是指通过对行政法规、地方性法规、自治条例、单行条例，以及规章、司法解释和其他规范性文件的备案审查，维护

---

① 习近平：《在第十八届中央纪律检查委员会第六次全体会议上的讲话》，《人民日报》2016年5月3日，第2版。

② 习近平：《在中央人大工作会议上的讲话》，《求是》2022年第5期。

社会主义法制的统一。

3. 民主监督

"民主监督"是指人民政协、各民主党派、各人民团体对共产党和国家机关的工作进行的监督。民主监督是我国多党合作制度的重要表现形式，是法治监督体系的重要组成部分。党的二十大报告提出："要健全人民当家作主制度体系，扩大人民有序政治参与，保证人民依法实行民主选举、民主协商、民主决策、民主管理、民主监督"[①]。民主监督实施主体包括爱国统一战线内部的各民主党派、无党派人士、人民团体及各界爱国人士，通过提出意见、批评、建议等方式协助党和国家机关改进工作。民主监督的主要形式包括会议监督、视察监督、提案监督、专项监督、社情民意信息监督、特约监督以及其他形式监督。

4. 行政监督

"行政监督"可分广义和狭义两种。广义的行政监督是指立法机关、行政机关、司法机关、政党、社会团体、新闻舆论等多种政治力量和社会力量对政府及其公务员的行政行为所实施的监察和督导；狭义的行政监督是指行政机关内部对自己的机构及其公务员的不良行政行为所实施的监察和督导。行政权力是最广泛、最普遍、最直接涉及公民权益的公共权力，行政监督的核心目标是防止行政权力滥用，确保行政权力规范有序

---

① 习近平：《高举中国特色社会主义伟大旗帜 为全面建设社会主义现代化国家而团结奋斗》，《党的二十大报告辅导读本》，人民出版社2022年版，第34页。

运行。

行政监督可分为外部监督和内部监督。外部监督可分为权力监督、司法监督、政党监督、社会监督，内部监督可分为上级监督、审计监督、监察监督。审计监督是国家行政组织内设机构审查监督各级政府机关的经济计划、预决算的编制和执行情况及财务收支状况，检查财经工作中的违法违纪行为，因而是行政监督的一个重要任务。《中共中央关于坚持和完善中国特色社会主义制度　推进国家治理体系和治理能力现代化若干重大问题的决定》中增加了"统计监督"。统计监督是统计监督机关依据统计法、运用统计专门技术技能开展经常性的行业监督和领域监督的重要形式。

5. 司法监督

"司法监督"是一个内涵外延存在争议、容易混淆的概念。有人把司法监督理解为国家司法机关依据宪法和有关法律对国家行政机关所实施的监督。也有人把司法监督理解为对司法机关监督的"监督司法"。这里把司法监督限定为司法机关依据职权对公权力行使的监督。司法监督是强制性程度最高的一种监督机制，是维护公权力正确行使的"最后一道防线"。为了保证指标之间的逻辑关系清晰，本指标的司法监督专指检察机关的法律监督。宪法规定人民检察院是国家的法律监督机关。它的监督包含一般监督，即对国家各级行政机关及其工作人员执行职务时是否守法负有监督责任，也包含部门监督，即对公安等部门的侦察活动和人民法院的审判活动是否合法负有监督责任，还包含向发案单位及其主管部门提出针对案件问题有关管理制度、手续及人员方面改进和处理的建议书。

6. 社会监督

"社会监督"是指由国家机关以外的社会组织和公民对各种法律活动的合法性进行的不具有直接法律效力的监督。社会监督主要有群众监督和舆论监督两种形式。《中共中央关于全面推进依法治国若干重大问题的决定》是把"社会监督"和"舆论监督"并提的。《中共中央关于坚持和完善中国特色社会主义制度推进国家治理体系和治理能力现代化若干重大问题的决定》中的提法增加了"群众监督",少了"社会监督",实际上是为了避免内涵外延上的矛盾。

《法治中国建设规划(2020—2025年)》提出"加强国家机关监督、民主监督、群众监督和舆论监督","主动接受新闻媒体舆论监督和社会监督"[1]。这里既将群众监督和舆论监督并提,又将新闻媒体舆论监督和社会监督并提,实际上沿袭了《中共中央关于全面推进依法治国若干重大问题的决定》的提法。虽然社会监督不具有国家强制性和直接的法律效力,但其积极、主动的监督方式却可能引发和启动国家监督机制的运行,导致国家强制性监督手段的运用,从而产生可能的强制性法律后果。社会监督的广泛性、有效性体现了一个国家民主、法治的发展程度和社会进步程度,体现了治理现代化的水平。

---

[1] 《法治中国建设规划(2020—2025)》,2021年1月10日,中国政府网。

（二）数据分析

1. 法治监督健全数据的整体分析

在本次参与测评的样本县中，"法治监督健全"指标的平均分为86.57分。其中，共有39个样本县的"法治监督健全"指标得分高于90分，获得了较为优秀的成绩，数据表明大部分样本县集中于良好以上水平。

从省域层面看，所有参评的省域中法治监督健全指标合格率为100%，优秀率为29.03%。得分在优秀区间的样本县分布于浙江（11个）、江苏（5个）、广东（5个）、四川（5个）、福建（4个）、河南（3个）、湖北（3个）、湖南（2个）、山东（1个），如图6.1所示。其中浙江、江苏、四川、广东、福建五省在优秀区间的样本县数量相对较多，在得分优秀样本县总数中所占比例均达到10%以上，法治监督工作成效显著。

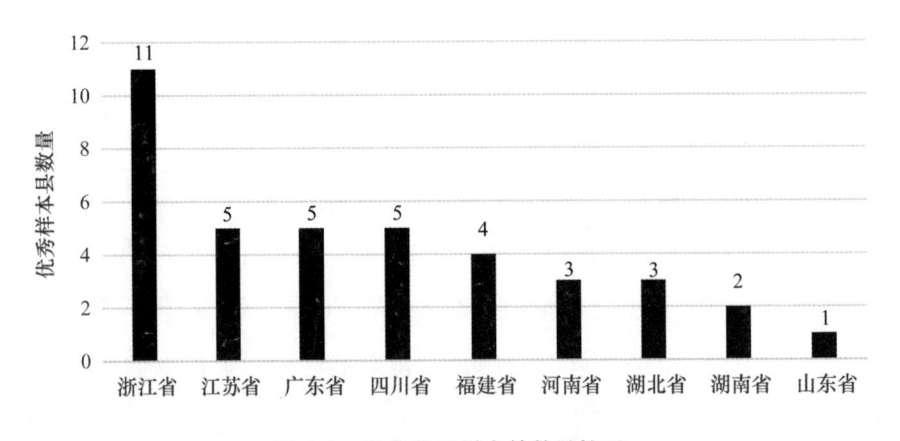

图6.1 各省优秀样本县数量情况

其中，有14个省域平均得分超过86.57分的总平均分，占比为45.16%，这些省域分别为：浙江、江苏、广东、四川、福建、河南、湖北、湖南、山东、山西、上海、北京、安徽、重庆。

在所有省域中，浙江得分最高，平均分为88.72分，且所有参评样本县的得分均超过86.57分。这说明浙江省在法治监督方面投入较多，成效也较为明显。2019年7月，浙江省委在省级党委层面率先出台《进一步加强检察机关法律监督工作的若干意见》。近年来，浙江省检察机关认真贯彻落实习近平总书记"敢于监督、善于监督、勇于开展自我监督"的重要指示精神，牢牢把握最高检"讲政治、顾大局、谋发展、重自强"总要求，坚定践行新时代检察理念，全力打造法律监督最有力示范省份。[①] 四川是入围优秀区间样本县最多的西部省份，其平均分为87.73分。四川省检察机关为驱动新时代检察工作高质量发展，以"数字革命"赋能法律监督，发挥出大数据对于法律监督的"杠杆"作用。通过将类案监督打造成"治理场景"，在全面激发法律监督内在动力的同时推动法律监督与社会治理的深度融合，实现从传统检察职能到新时代法律监督价值重塑的新跨越。[②]

就县域而言，法治监督健全一级指标合格率为100%，优秀率为33.33%。得分优秀的39个区市县，市辖区、县级市和

[①] 参见《为争创社会主义现代化先行省贡献检察力量》，《检察日报》2021年3月5日，第2版。

[②] 参见《数字检察撬动法律监督赋能四川之治》，《四川法治报》2023年6月2日，第5版。

县的数量分别为17、10、12。以数据结果表现良好的江苏省苏州市太仓市为例，该市人大常委会积极探索人大监督新方式，建立人大监督和纪委监委专责监督贯通协同机制。一方面，太仓市纵向拓展协同监督领域，将民生实事项目协同监督的创新形式固化形成长效机制，拓展到人大选举任命人员任后监督、代表议案建议督办、执法检查等更多领域的贯通协同监督。另一方面，太仓市横向延伸"人大+"监督模式，以与监委专责监督贯通协同机制为范式，积极推动人大监督与党内监督、民主监督、行政监督、司法监督、群众监督、舆论监督、审计监督、统计监督等贯通起来，构建人大高效能监督新格局。①

二级指标也同样反映了样本县在法治监督健全方面的良好状况。6个二级指标平均得分最高的是民主监督指标，得分为86.90分，这说明民主监督在各地的法治监督工作中都发挥了积极作用。二级指标平均得分较低的是行政监督指标，得分为83.28分，这表明各地在推进行政监督工作中有一定的难度。一些样本县推动行政监督方面力度较大。例如，山东省东营市广饶县在行政执法监督上持续发力，着力推进决策制度化、科学化、规范化。广饶县全面推行司法所所长列席镇街党政联席会议制度，开展镇街、村居重大事项合法性审查工作；健全完善规范性文件制定前合法性审核、实施后评估和异议审查制度，结合法律法规立改废释情况，定期对现行有效的规范性文件开展专项清理，确保政令畅通和法制统一。广饶县全年制定

---

① 参见《太仓：民生无小事，"人大+纪委监委"监督合力守护》，2022年7月18日，江苏省人大网。

出台规范性文件12件，合法性审核率、报备率、规范率均达100%。①

样本县在推进法治监督的工作重心中存在一定的地区差异和短板。例如，吉林省长春市南关区需要进一步提高信访案件办结率，福建省泉州市惠安县需要进一步提升提案办理满意度，青海省海东市互助土族自治县需要更加积极开展执法检查活动。要补齐这些短板，需要抓住问题的痛点，找准方法去解决。这些问题的解决既需要领导高度重视，也需要制度的完善，更需要切实有效的推动。

2. 法治监督健全若干单项工作指标分析

（1）代表议案、建议社会公开度与办理满意度

"代表议案、建议社会公开度与办理满意度"是体现人大监督效能的两个重要指标。这两个指标旨在考察各地人大代表是否及时反馈人民群众关注的热点、难点和重点问题。在全国样本县测评中，有25.64%的样本县在代表议案、建议社会公开度上达到100%，所有样本县的代表议案、建议社会公开度均在80%以上。有47.86%的样本县在代表议案、建议办理满意度上达到100%，办理满意度达90%以上的样本县占49.57%，满意度80%以上的达96.58%。其中，江苏省苏州市太仓市、山东省东营市广饶县、宁夏回族自治区固原市西吉县、青海省海东市互助县、江苏省苏州市昆山市、浙江省台州市临海市等25个样本县的代表议案、建议社会公开度与办理

---

① 参见广饶县司法局《广饶县2022年度法治政府建设情况报告》，2023年3月9日，广饶县人民政府网。

满意度均为100%，这与各地充分重视人大代表议案与建议办理工作密切相关。

（2）政协提案社会公开度与办理满意度

"政协提案社会公开度与办理满意度"是人民政协履行民主监督职能有效性的重要体现。数据显示，31.62%的样本县在政协提案社会公开度达100%，全部样本县的政协提案社会公开度均在80%以上。51.3%的样本县在政协提案社会公开度与办理满意度上达到100%，全部样本县的政协提案办理满意度均在80%以上。其中，有26.96%的样本县的政协提案社会公开度与办理满意度均为100%。

（3）信访案件办结率

信访是重要的社会监督形式。该指标旨在考察各地是否及时解决群众反映的困难和问题。数据显示，有50.43%的样本县在信访案件办结率上达到100%，53.85%的样本县在信访案件办结率上达到90%以上，95.73%的样本县在信访案件办结率上达到80%以上，这说明大部分样本县都在积极化解群众反映的突出问题和信访积案。但也有3.42%的样本县信访案件办结率为60%，低于全国平均水平，这些样本县应综合研判信访案件办理中存在的问题，重点分析问题成因，确保信访工作责任制落实到位，推动信访问题化解到位。

3. 法治监督健全的相关思考

法治监督是对法律实施进行的全过程监督。强化法治监督是杜绝执法不严、司法不公现象的必要举措。法治监督的各环节都需要不断强化。法治监督工作要积极回应人民群众的新要求新期待，准确把握执法不严、司法不公的具体表现和深层原因，全力解决法治领域内人民群众反映的突出问题。

（1）强化人大监督、民主监督

数据显示，人大、政协两个部门在监督上的制度化程度较高，工作成效明显。其中，民主监督表现更为良好。人大监督较民主监督在监督手段上更有力。

作为重要的监督手段，人大议案、建议，政协提案在满意度和公开度上都表现良好。各地人大对于议案、建议的落实，各地政协对于提案的答办，均高度重视，在满意度、公开度两项工作的规范化建设上颇有成效。但是，人大议案、建议和政协提案的公开度都大幅低于满意度，这说明各地人大、政协在议案、建议、提案的具体落实效果上需要不断加强。强化人大监督、民主监督的一个有效办法是要真正把具有履职能力的代表和委员吸收进来。当前，仍然存在一些"挂名代表""会议代表"，水平不高，责任心不强，履职能力低下，遇到问题无从下手。许多履职能力强的同志反而没有机会。这个问题的解决能够直接提升人大监督、民主监督的水平。

（2）重点突破行政监督

数据表明，行政监督指标高分区最少、低分区最多，不平衡问题突出。行政监督的实施难度大，也是需要重点突破的工作领域。虽然近年来各地对行政监督的重视程度越来越高，行政监督制度化建设持续推进，但行政监督推进的难度仍然很大。行政监督要依靠监督合力，要充分发挥各监督主体的作用和积极性，完善监督体系，科学设定监督职责，严密监督程序，增强监督实效。行政监督要全面落实行政执法责任制，严格确定不同部门及机构、岗位执法人员执法责任和责任追究制度,完善纠错问责机制,构成犯罪的要依法追究刑事责任,做到有权必有责、滥权必追责。党的二十大报告中强调要"强化行政执法监督机制和能力建设,严格落实行政执法责任制和责任追究制度"①。今后的一个工作重点是完善纠错问责机制,健全责令公开道歉、停职检查、引咎辞职、责令辞职、罢免等问责方式和程序。

(3) 创新社会监督方法

从前述数据分析看,社会监督发挥了积极作用,但薄弱环节仍然突出。在三级指标中,信息公开纠纷纠错率高分区域分布最少,低分区域最多,说明信息公开纠纷纠错工作需要重点关注。拓宽社会监督渠道、提升社会监督实效、强化社会力量对公权力监督是一项艰巨任务。以信访工作为例,数据显示,由于党委政府对信访工作高度关注,信访案件办结率持续提升,但部分地区该项指标的得分仍然紧压"合格线"。信访法治化是今后解决信访问题的重中之重。当前,信访工作存在"重稳控轻化解"、"重程序轻实体"、依法分类不精准、解决问题质效不高、信访问题终而不结等难点痛点。推动实现以预防法治化、受理法治化、办理法治化、监督追责法治化、维护秩序法治化为主要内容的信访工作法治化能够破解难题。信访法治化的目标是信访法规制度体系更加健全、党委政府履职行为更加规范、防范化解风险更加有效、群众信访行为更加有序、诉求解决渠道更加畅通。这些目标最终体现在实现初次信

---

① 习近平:《高举中国特色社会主义伟大旗帜 为全面建设社会主义现代化国家而团结奋斗》,《党的二十大报告辅导读本》,人民出版社2022年版,第37页。

访事项下降率、求决类初次信访事项化解率、群众满意率等一套量化指标上。

（三）样本县经验——浙江德清

浙江省湖州市德清县位于浙江省北部。该县是浙江高质量发展建设共同富裕示范区第二批试点地区之一。2020年12月，中国社科院发布《全国县域经济综合竞争力100强》，德清县排名第48名。近年来，德清县行政执法协调监督工作对标"法治中国示范区的先行区"排头兵的发展要求，强化使命担当，依法履职尽责，切实推动法治政府建设，从统筹布局、创新方式、落地复盘、为民宗旨等四个方面入手，系统推进行政执法监督落到实处。

1. 统筹布局，夯实行政执法监督根基

一是建立一张清单。该县立足行政执法协调监督工作实际，广泛征求执法部门意见，制定行政执法协调监督权责清单，细化分解行政执法协调监督职责，确立多种监督方式，构建职责分明、监督高效的行政执法协调监督工作体系，确保全县行政执法协调监督工作有章可循。二是打造一个站点。加强司法所能力建设，推动行政执法监督职能向乡镇（街道）基层延伸下沉，依托司法所设立工作站，以此来完善"司法行政＋主管部门＋乡镇（街道）"的执法协调监督模式，打造全域、全时、立体化、网格化的执法协调监督体系。目前，全县13个乡镇（街道）均已设立协调监督工作站，为乡镇行政执法发挥了法治保障作用。三是完善一个机制。加强对基层综合行政执法主体履行行政执法职责的监督检查，构建跨部门的沟通机制，及时协调解决各类执法争议，促进跨部门、跨层级的统筹联合执法，加强对基层综合执法机构的业务指导、培训监督和沟通协调，进一步落实案件（线索）移送、协作配合等工作机制。

2. 创新方式，推进行政执法监督协同

一是拓宽行政执法协调监督渠道。贯通融合人大监督力量，完善协作监督机制，对综合执法、市场监管、交通运输等重点执法领域开展3次联合监督检查。二是拓宽府院检协作机制。深化司法审判在促进行政执法规范化方面的联动，细化"两法衔接"工作，形成行政执法与司法合力的工作机制。三是确保社会公众参与。完善德清县行政执法投诉制度，畅通群众反映渠道，有效发挥人民群众的"再监督"作用，为行政执法规范化发展提供群众基础。四是打造一支特邀行政执法监督员队伍。聘任13名基层行政执法监督员，确立4个执法监督社会联系点，构建出一张"纵向到底、横向到边"的社会监督网络。五是探索行政执法协调随同监督。创设"随同式执法监督"，深入执法一线，将执法全过程置于阳光之下，以"近距离、搞互动、解疑惑、下建议、促整改"的形式对行政执法中的不当或违法行为予以纠正和规范，为一线执法提供"标尺"。目前已开展3次执法监督，对执法人员提出指导意见7条。

3. 落地复盘，强化行政执法监督效能

一是行政执法线索数字化处置。利用数字化行政执法监督应用平台,做到平台每天一查,线索三天一清,及时督促各执法队伍整改问题、提升效能。推动"大综合一体化"监管数字应用全面运行,实现行政处罚案件100%线上办理,案卷评查100%线上开展。二是加强行政执法事后监督。严格高效运行回访纠错机制,对回访中发现的未改正或拖延改正行政执法监督的情况,及时采取督促问责等督办措施,有力保障回访工作成效。征求行政相对人对行政执法工作的意见建议,努力推动行政执法便民利民,提高行政执法监督质效。三是推进执法监督周查、月训、季评查制度。每周重点监督检查实施行政处罚、行政强制的程序是否合法;每月结合重点执法领域,协调组织行政执法工作人员开展一场法律知识培训;每季度通过随机抽取与评查的形式,从执法主体、事实依据、法律适用等方面进行评查,推动问题整改落实,提升执法质量。

4. 为民宗旨,明确行政执法监督目标

一是细化行政执法三项制度。实施行政执法公示制度,充分利用浙江政务服务网、浙政钉"掌上执法"等平台,加强事前公开,规范事中公示,推动事后公开,接受社会监督。实施执法全过程记录制度,增强执法人员电子设备的配备率,规范执法办案过程文字和音像的记录及归档工作。实施重大行政执法决定法制审核制度,构建科学规范的行政执法法制审核体系,保证行政执法决定的合法、有效。二是助推营商环境建设。狠抓法治化营商环境建设,结合当下经济形势,立足保就业、保民生、稳经济的基本要求,聚焦助企纾困的现实背景。通过行政执法监督把行政处罚的适用规则、处罚裁量原则等运用于优化营商环境全过程。通过制度、机制的持续创新，落实推进法治环境不断优化和迭代升级。进一步厘清涉企执法事项职责边界，共梳理制定1536项涉企执法事项的"自由裁量细化标准"。三是促进温情行政执法。通过行政执法协调监督，结合《行政处罚法》的法律原则和法治理念，出台实施了行政处罚案件社会意见征询工作项目，重点解决行政处罚案件过罚不当、处罚裁量畸轻畸重等难题，从源头预防和化解行政争议。积极拓展"首错不罚"行动，大幅提升柔性执法案件数量，2023年，共对11类343起轻微违法行为开展依法不予处罚。①

---

① 资料来源：调研、网站和样本县提供。

七　法治保障有力

法治保障体系是中国特色社会主义法治体系的重要组成部分。[1] 有力的法治保障体系是确保法治沿着正确道路前进、确保法治高效运行的前提条件。良好运行的法治保障体系是支撑法治大厦的地基，关乎法治各环节的有序运行，可以为法治总目标的实现提供不竭的力量源泉。有力的法治保障体系，要求在法律制定、实施和监督的全过程中，保障要素系统结构完整、机制健全、资源充分、富有成效。《法治中国建设规划（2020—2025年）》（以下简称《规划》）要求建设有力的法治保障体系，筑牢法治中国建设的坚实后盾，强调建设法治中国，必须加强政治、组织、队伍、人才、科技、信息等保障，为全面依法治国提供重要支撑，并提出加强政治和组织保障、队伍和人才保障、科技和信息化保障三大保障内容。[2] 此外，设备和经费保障在法治建设中的作用也非常重要，应当纳入指

---

[1] 参见《中共中央关于全面推进依法治国若干重大问题的决定》，人民出版社2014年版，第4页。

[2] 参见《法治中国建设规划（2020—2025年）》，2021年1月10日，中国政府网。

标体系。

法治保障有力指标下设"政治与组织保障""队伍与人才保障""科技与信息化保障""设备与经费保障"四个二级指标。

（一）指标释义

1. 政治与组织保障

"政治与组织保障"是指各级党委（党组）充分发挥政治功能和组织功能确保法治稳健发展。《规划》规定："各级党委（党组）和领导干部要支持立法、执法、司法机关开展工作，支持司法机关依法独立公正行使职权。党的各级组织部门等要发挥职能作用，保障推进法治中国建设。中央和省级党政部门要明确负责本部门法治工作的机构。各级立法、执法、司法机关党委（党组）要加强领导、履职尽责，机关基层党组织和党员要充分发挥战斗堡垒和先锋模范作用，保障宪法法律实施。严格执行《领导干部干预司法活动、插手具体案件处理的记录、通报和责任追究规定》。"[①] 上述要求明确了政治与组织保障的具体内容。全面推进依法治国，要始终坚持党在立法、执法、司法、守法中的决定性地位与领导性角色，依托党领导下的组织结构、沟通机制、激励机制、资源配备机制以及协调机制，确保法治高效运行。组织与政治保障指标通过党组织支持法治建设的力度、干部选拔的规范性与有效性等方面来评估考

---

① 《法治中国建设规划（2020—2025）》，2021年1月10日，中国政府网。

察各地政治与组织保障的基本状况。

2. 队伍与人才保障

"队伍与人才保障"强调加强法治工作队伍建设与人才培养，提高法治工作队伍的思想素质、业务工作能力、职业道德水准，切实提高法治工作队伍运用法治思维和法治方式的能力水平。建设德才兼备的高素质法治工作队伍是法治保障体系的重要组成部分。《规划》规定："牢牢把握忠于党、忠于国家、忠于人民、忠于法律的总要求，大力提高法治工作队伍思想政治素质、业务工作能力、职业道德水准，努力建设一支德才兼备的高素质法治工作队伍。"[1]《规划》对建设革命化、正规化、专业化、职业化的法治专门队伍提出了具体要求，例如，完善法律职业准入、资格管理制度，建立法律职业人员统一职前培训制度和在职法官、检察官、警官、律师同堂培训制度。完善从符合条件的律师、法学专家中招录立法工作者、法官、检察官、行政复议人员制度。"队伍与人才保障"指标可以通过综合考察执法司法人员待遇水平、日常开展的业务培训活动情况、律师队伍的建设情况等进行评估。

3. 科技与信息保障

"科技与信息保障"是指在依法治国的推进过程中，不断提升科技化、信息化水平，将科技与信息手段广泛应用于立法、执法、司法、法律服务、法律监督等法治领域，为法治建

---

[1]《法治中国建设规划（2020—2025年）》，2021年1月10日，中国政府网。

设提供高效、便捷、精准的信息化解决方案与优化提升方案。《规划》中提出："充分运用大数据、云计算、人工智能等现代科技手段,全面建设'智慧法治',推进法治中国建设的数据化、网络化、智能化。"[①]科技与信息化保障包括信息化基础设施建设、法律法规数据库建设、信息化应用系统建设、信息安全保障等。数字法治是新型法治形态,是未来法治发展的基本趋势;科技与信息化保障是数字法治发展的重要条件。科技与信息保障指标侧重对数字化平台的开发与使用情况进行考察,并关注其是否能对当前法治工作起到创新性、指导性、便利性、专业性的支撑作用。

4. 设备与经费保障

"设备与经费保障"是指为确保法治工作的顺利推进及持续发展提供必要的物质资源支持,包括工作设备支持与经费支持。在全面推进依法治国的进程中,无论是法治队伍建设,还是法治工作的各项工作开展机制,都离不开设备与经费保障。尤其是对资源相对匮乏的地区和基层法治建设来说,设备与经费保障显得尤为迫切。因此,要保障基层法治建设顺利开展,就必须协调管理好人员、经费、资源、装备等向基层的倾斜力度,合理进行资源分配,切实保障法治工作"有米而炊"。例如,法律援助是国家建立的为经济困难公民和符合法定条件的其他当事人无偿提供法律咨询、代理、刑事辩护等法律服务的制度。2022年全国共组织办理法援案件137万余件,法援经费

---

① 《法治中国建设规划(2020—2025年)》,2021年1月10日,中国政府网。

总投入36亿,同比增长了4%。又如,2019年,青海省财政厅、省司法厅、省发展改革委员会联合印发《关于公共法律服务体系建设经费保障意见》,将公共法律服务体系建设经费纳入预算予以保障,成为全国率先出台公共法律服务体系建设经费保障意见的省份。截至2022年1月,青海5089年省、市州、县区、乡镇、村(社区)建制中,已建成5044个公共法律服务实体平台,全省一村(社区)一法律顾问已实现全覆盖。

(二)数据分析

1. 法治保障有力数据的整体分析

法治保障有力数据的整体分析以队伍与人才保障、科技与信息化保障两个二级指标得分为例。整体得分情况见表7.1。

表7.1 "法治保障有力"一级/二级部分指标得分情况

指标名称	平均分	最高分	最低分
法治保障有力(一级指标)	84.16	89.67	78.00
队伍与人才保障(二级指标)	85.19	91.67	79.67
科技与信息化保障(二级指标)	84.10	92.00	80.00

在省域层面,法治保障有力指标得分排名前30%(全国样本县排名前35名)的样本县集中分布在浙江(4个)、广东(3个)、北京(3个)、重庆(3个)、甘肃(3个)、江苏(3个)等地,如图7.1所示。数据和相关资料表明,这些省域极为重视法治保障相关工作,能够切实从人才队伍建设培养和信

息化水平提升等方面对法治建设提供有力保障。如北京市长期致力于"锻造一支忠诚纯洁可靠的首都政法铁军",推动首都政法工作高质量发展。2020年7月北京市作为全国政法队伍教育整顿试点,开始在常态化教育整顿上狠下功夫,坚决清除顽瘴痼疾,补齐短板弱项,强化源头治理,确保队伍绝对忠诚、绝对纯洁、绝对可靠。又如浙江省,多年来坚持推进司法行政数字化改革精准赋能,谋划构建"1+6+N+2"司法行政系统数字化改革总体方案,司法行政系统执法司法制约监督"五大体系"基本建成,且实战效果显著。2022年,浙江省司法厅作为全国司法行政系统唯一代表在政法领域全面深化改革推进会上作经验交流,为其他地区提供数字赋能法治样本。

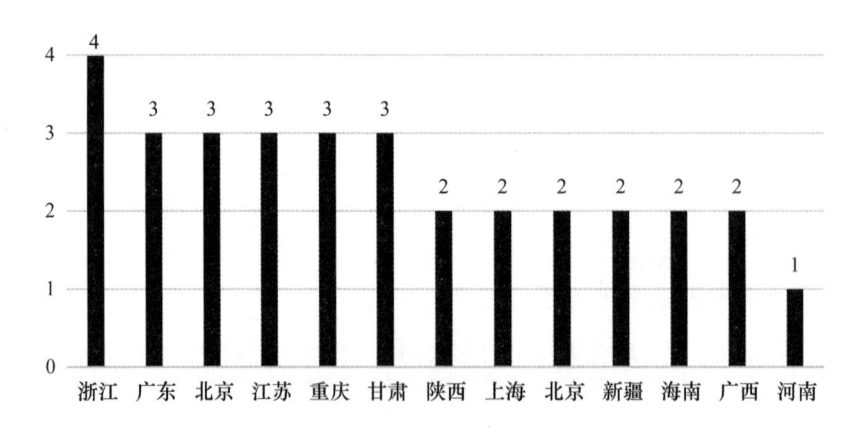

图7.1　法治保障有力指标得分排名前30%样本县数量

数据分析的同时,结合地方调研与资料搜集,我们发现全国各省在加强法治工作队伍建设和法治人才培养,加快数字化信息化赋能法治建设等法治保障相关工作中能够坚持扬长补短，为推进法治建设、保障民生发展持续进行改革创新。

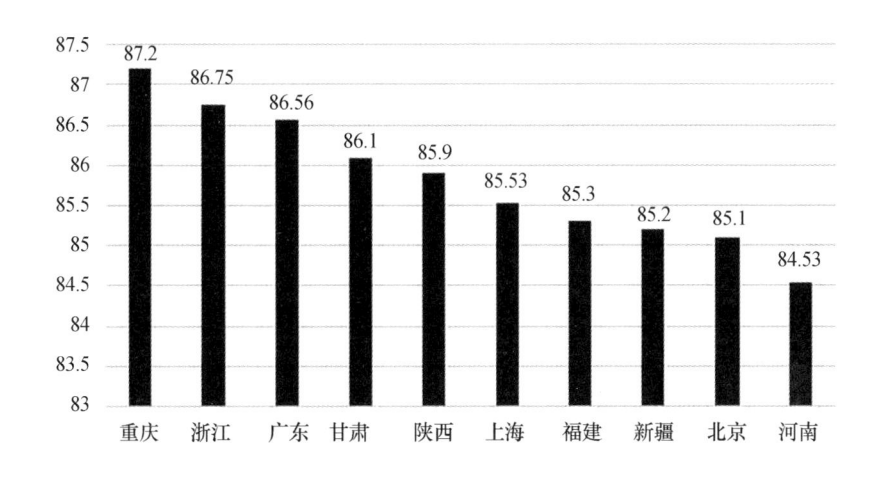

图中数据：
- 重庆 87.2
- 浙江 86.75
- 广东 86.56
- 甘肃 86.1
- 陕西 85.9
- 上海 85.53
- 福建 85.3
- 新疆 85.2
- 北京 85.1
- 河南 84.53

图 7.2　法治保障有力指标样本县前十省域平均得分

图 7.2 是法治保障有力指标样本县平均得分排名前十的省域得分情况。样本县平均得分排名前十的省域中有三个属于中西部地区：新疆维吾尔自治区、重庆市及甘肃省。相对东部沿海地区来说，中西部地区因经济发展水平及地方财政能力等因素，整体法治保障体系建设工作受到更多条件限制，基础更加薄弱，但仍然能够通过创新工作举措、加快制度改革等方式弥补先天不足，在法治人才队伍建设、经费设备保障等各方面做出亮眼的成绩。以甘肃省为例，甘肃省高级人民法院全面提升队伍专业素质。2022 年举办全省培训班 207 期，培训 2 万余人次，调训工作连续 10 年受到最高人民法院通报表扬。甘肃省高级人民法院广泛开展岗位练兵、理论研讨，49 篇学术论文在最高人民法院获奖，2 名法官获评全国审判业务专家。又如内蒙古自治区，2022 年 9 月 1 日起施行修正后的《内蒙古自治区

法治宣传教育条例》，该条例突出法治宣传教育的经费保障，在全国率先规定法治宣传教育经费保障标准，旗县级以上人民政府，按照本行政区域内公民每人每年不低于0.5元的标准，将法治宣传教育经费列入本级政府预算，专款专用，并随着经济社会发展水平动态调整。

在县域层面，通过对样本县法治保障有力指标相关数据的计算与分析，我们发现尽管在法治保障体系建设方面存在一定地域差异，但当前全国各地均能够根据国家法律法规与地方相关政策结合自身实际情况有序推进法治保障工作。数据表明，在本次参与评测的样本县中，44个样本县的法治保障有力指标得分高于85分，114个样本县的得分高于80分，良好率97.43%；仅有3个样本县低于80分，且分数都在78分以上；全国样本县平均得分为84.16分，取得了整体良好的成绩，反映了法治保障工作在全国各地的切实推进情况，详见图7.3。

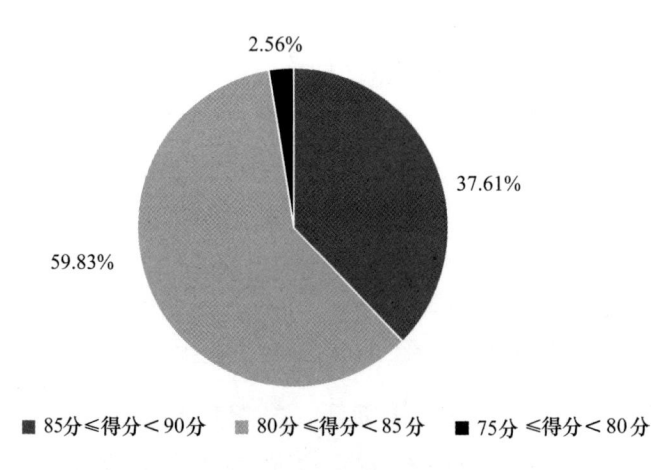

图7.3 全国样本县法治保障有力指标得分分布

图 7.4 是本次全国测评中法治保障有力指标得分前十的样本县情况，得分均达到 85 分以上。观察名列前十的样本县得分情况，我们发现，样本县间指标得分差距很小，法治保障工作水平及成效提升有目共睹。但实际上各样本县法治保障工作当前的优势方面存在一定差异。举例来说，福建省福州市闽侯县在法治人才队伍建设方面的表现可圈可点。闽侯县检察院通过多元化评价激励、针对性培训锻炼、系统化交流轮岗等方式，让青年干警承担调研课题、参加各类竞赛、牵头组织重要活动等，加快提升队伍专业素养，加速青年干警成长。近年来，该院每年评选的先进个人中，80%以上均为青年干警。[1] 湖南省常德市武陵区抓牢基础保障，强化基层法治经费保障。武陵区委区政府为辖区内 14 个司法所安排专项法治建设经费并列入财政预算，区司法局提高经费预算中司法所经费标准，加大法治保障力度。[2] 各样本县能够结合自身实际，通过创新工作方式，革新工作制度，为加速推进法治保障体系建设创造有利条件。

观察两大二级指标得分：队伍与人才保障、科技与信息化保障，全国样本县平均得分分别为 85.19 分和 84.10 分，均处于良好水平，前者相较后者略高。分析发现，由于各样本县经济财政水平和数字化改革进程的差异，使得在数字化法治建设过程中，部分相对落后地区样本县在资源获取、技术模块升

---

[1] 参见《闽侯县检察院积极搭建青年干警成长平台》，2018 年 10 月 27 日，福州新闻网。

[2] 参见《常德武陵：以"四抓"聚"四力"不断提升司法所规范化建设水平》，2023 年 6 月 19 日，金台资讯网。

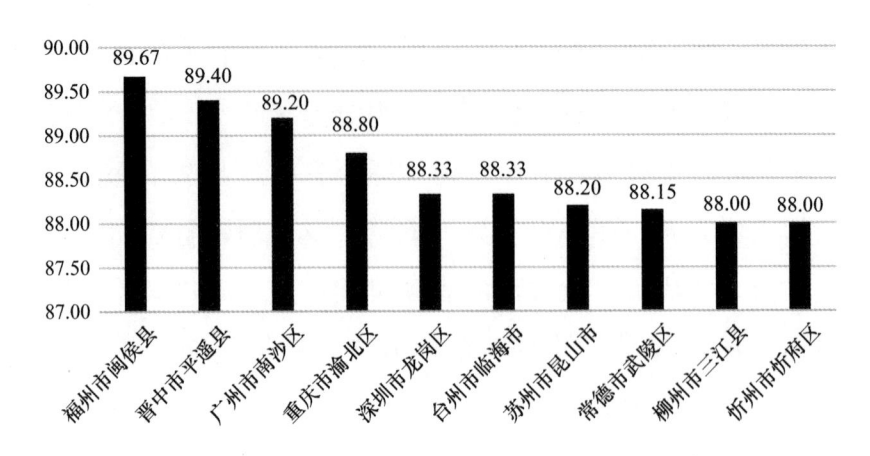

图7.4 法治保障有力指标得分排名前十样本县得分情况

样本县	得分
福州市闽侯县	89.67
晋中市平遥县	89.40
广州市南沙区	89.20
重庆市渝北区	88.80
深圳市龙岗区	88.33
台州市临海市	88.33
苏州市昆山市	88.20
常德市武陵区	88.15
柳州市三江县	88.00
忻州市忻府区	88.00

级、资源共享和调取及网络利用率等方面遇到了更多的困难与问题，因此法治科技与信息化保障工作仍然任重道远，各地方应当积极探索法治数字化升级改革路径，切实保障数据安全、完善数据共享、解决数字鸿沟问题，将技术升级和数字化改革成果落到实处，提升人民群众法治获得感，维护社会公平正义。

综合数据及调研结果表明，当前我国已经为提升全面依法治国水平培养了一大批具有极高专业素养和职业道德水准的法治工作队伍，大量的科技与信息技术手段和法治工作正在不断加强融合与探索实践。虽然存在一些问题与挑战，例如法治工作队伍水平能力各地参差不齐，法治信息化手段存在一定技术与制度方面的难题，但当前各地对法治保障工作都给予了充分的重视，有明确的发力点与发力方向，法治保障体系建设未来可期，将为法治建设提供更加坚实、稳定、可靠的支持。

2. 法治保障有力若干单项工作指标分析

（1）涉外法律服务专业人才数

培养高水平涉外法治人才，夯实涉外法律人才之基是推进涉外法治建设的必要保障，是应对复杂国际争端的有效措施。在全球化和"一带一路"建设背景下，涉外法律服务的需求不断增加，涉及的专业领域也不断拓展，因此培养具备全球视野、通晓国际规则、精通涉外法律的涉外法治人才也变得愈发重要。"涉外法律服务专业人才数"指标旨在考察样本县涉外法治人才培养体系的建设情况与实效，样本县是否积极加大涉外法治人才培养的投入，加强涉外法治人才培养体系建设的力度以及当前涉外法治人才人数与工作情况。该指标权属于二级指标"队伍与人才保障"。

本次测评中，涉外法律服务专业人才数指标全国样本县平均得分82.75分，良好率96.58%，合格率100%，得分基本集中于80—90分，整体数据水平良好。数据表明全国样本县都已逐步认识到涉外法治人才培养在涉外法治建设中的重要性，开始制定涉外法治人才培养规划，深化涉外人才培养模式改革，完善涉外法治人才梯队建设。样本县中不乏在涉外法律服务专业人才培养方面表现优秀的典型，如广东省广州市南沙区、浙江省丽水市景宁县、福建省福州市闽侯县、山西省晋中市平遥县等样本县的涉外法律服务专业人数均达到百人以上，并有多人入选省级或市级涉外人才库。这与样本县积极创新涉外法律服务体系的工作举措密不可分。以广州市南沙区为例，2020年9月粤港澳大湾区暨"一带一路"（广州·南沙）法律服务集聚区启用,南沙在法律服务集聚区内建立了粤港澳大湾区国际仲裁学院、全国首个港澳律师执业孵化站等机构,为大湾区涉外法治建设提供源源不断的新生力量。①

(2) 律师万人比

"律师万人比"即通过律师人数与人口数量的比值来衡量一个国家或地区的律师密度。通过律师万人比数据可以从一定程度上反映一个国家或地区的法律服务业发展水平和社会法治化程度。该指标隶属于二级指标"队伍与人才保障"。律师的数量对于确保司法可及性非常重要。较高的律师万人比通常意味着人们更容易获得法律咨询和代理,以及更广泛的司法资源。与此同时,较高的律师万人比可能也意味着一个地区有更多受过专业培训和资质认证的律师,这些律师在法律实践中具有专业知识和技能,有助于提高法律服务的质量和效率,促进法治的实施。

本次全国样本县测评数据显示,律师万人比指标全国样本县平均得分85.23分,优秀率达近30%,其中河南省郑州市新郑市、河南省商丘市永城市、上海市普陀区、重庆市渝北区、云南省昆明市安宁市等多个样本县的律师万人比指标得分均达优秀区间。以重庆市渝北区为例,为全力贯彻落实重庆市司法局研究制定的《重庆市基层法律服务队伍发展方案》,重庆市渝北区坚持培育壮大律师队伍,2022年区律师万人比已达到2.3以上;同时渝北区大力发展公职律师,增加基层法律服务工作者参与基层社会治理工作,加强对律师参与社会治理的能

---

① 参见《粤港澳大湾区暨"一带一路"(广州·南沙)法律服务集聚区启用》,2020年9月10日,中国新闻网。

力培训，着力解决法律与政策衔接问题。①整体数据表明，法律人才在国家和社会发展中的重要性被广泛认可，新兴法律领域包括法律科技、知识产权、数据安全与隐私等方面的人才培养也受到了更多的重视，全国大部分地区都具有较强的法律服务供给能力以及较高的法律专业化水平。

（3）公职律师覆盖率

"公职律师覆盖率"反映公职律师制度的覆盖程度及公职律师在法律服务中的参与度，也反映社会对公职律师的需求和认可程度。本项指标的设立旨在考察政府公共法律服务供给和依法办事的能力水平。公职律师应当参与重大决策的合法性、可行性及相关法律风险、社会稳定问题的研究、论证和评估；参与地方性法规规章草案和规范性文件送审稿的起草、论证和审查等工作；参与结对单位的诉讼、仲裁和调解等法律事务的办理；开展普法宣传教育等工作。实现公职律师全覆盖，能够有效预防和化解行政争议，促进行政机关依法办事，切实提高机关依法决策、依法行政、依法管理的能力和水平。

公职律师覆盖率指标在本次全国样本县测评中平均得分84.52分，优秀率15.38%，85分以上占32.48%，良好率97.43%。其中，江苏省苏州市昆山市、福建省福州市闽侯县、湖南省常德市武陵区、江西省新余市渝水区、山西省晋中市平遥县等样本县党政机关公职律师覆盖率都达到了100%，表现优秀。全国多数样本县在该项指标测评上表现良好，重视发挥公职律师在助推法治政府建设中的重要作用。该项工作也仍然

---

① 参见《重庆市渝北区司法局关于 2022 年度法治政府建设情况的报告》，2023 年 3 月 9 日，重庆市渝北区司法局网。

存在持续优化的空间。各地应当在紧盯人才培养的同时，持续强化相关机制保障，更加有效地盘活党政机关公职律师资源。

3. 法治保障有力数据相关思考

有力的法治保障体系，是推进法治中国建设的必然要求，是促进社会公平正义、保障人民权益、增进人民福祉的重要举措。构建有力的法治保障体系是当前我国法治现代化建设的重要任务，其过程涉及多方利益相关主体，需要全社会的共同努力，作为一项复杂的系统工程，法治保障体系建设与完善工作应当引起高度重视。

（1）强化法治队伍与人才保障

法治队伍包括专门队伍、服务队伍、研究队伍。各方面法治力量各司其职，各负其责，相辅相成，是推动法治保障体系进一步完善的重要基石。

法治专门队伍是全面推行依法治国建设事业中最核心的一支队伍。法治专门队伍主要包括在人大和政府从事立法相关工作的人员，在行政机关从事执法工作的人员，在司法机关从事司法工作的人员。法治专门队伍承担着立法、执法、司法重任，建设好这支队伍，特别是建设好立法、执法、司法机关各级领导班子，对全面推进依法治国至关重要。

法律服务队伍主要是律师，也包括公证员、基层法律服务工作者、人民调解员以及法律服务志愿者。以律师为主体的法律服务队伍是推动全面依法治国和法治中国建设的一支重要力量，在保障法律正确实施、维护当事人合法权益、维护社会公平正义、支持司法机关定纷止争、提高司法公信力中能够发挥十分重要的作用。

法治研究队伍是指从事法学教育和法学研究工作的队伍。法学研究与实践需求之间仍然存在一定差距。有些研究者习惯驻足书本，而对当代中国改革开放的生动实践和基本国情缺乏了解。中国法学应当弘扬实践精神，直面中国发展中出现的紧迫法治问题。改变这一局面，有必要提倡走向实践。通过走向实践，广泛开展调研，才能发现法治实践中发生的真实故事，才能把握知识需求者的偏好，生产出实践所需要的知识产品。[1]

法治人才培养在法治队伍建设的地位举足轻重。建设好、维护好从法学教育到法治职业这条传输带，创新法治人才培养机制，激活法治人才驱动引擎，将一批批高质量的复合型、应用型、国际化法治人才输送到法治中国建设实践中去，是法治人才培养的时代要求，是助力法治中国建设的客观需要与明智举措。[2]

（2）强化科技与信息化保障

科技与信息化成为推动社会发展的重要力量，也成为法治保障体系建设中的关键一环。提升科技与信息化保障水平要重视基础设施、信息共享与安全保障、人才培养三方面的工作。第一，加强信息化基础设施建设。各地应当推广先进的科技手段和信息化工具，提高科技应用水平，包括人工智能、大数据分析、云计算等技术的掌握和应用，以此来提升法治工作效率

---

[1] 参见钱弘道《点亮中国法学的实践精神》，《人民日报》2018年4月16日，第16版。

[2] 参见钱弘道、解明月《习近平法治思想的法治队伍建设论》，《法治现代化》2022年第2期。

及精准性。例如利用人工智能和大数据分析技术，快速准确处理法律信息和案件数据。第二，数据共享和安全兼顾。数据共享困难是各地各部门反映最多的问题。没有数据共享，就谈不上数字化。大数据分析技术的普遍应用给国家信息安全、公民个人信息安全带来了新的挑战和潜在的威胁。各地在确保数据共享的同时，应当增强信息安全保障能力，确保法治信息的安全性，加强和完善网络安全、数据安全、个人隐私保护等方面的工作。第三，加大数字法治人才的培养力度，完善交叉学科培养机制，培养具备信息化数字化技能和法治素养的复合型人才。当前法学界的跨学科力量远不能满足数字化发展的需求，必须引起高度重视。数据思维的匮乏和跨学科人才参与法治研究的稀缺是制约数字法治发展的现实瓶颈。数字化对现有的法学教育和研究提出了新的挑战，创造了新的机遇，跨学科交叉人才培养刻不容缓。

（3）强化设备与经费保障

设备与经费保障是法治保障体系建设的基础条件，也受到各样本县经济发展水平的影响。首先，加强法治保障设备与资金的统筹规划。各地要确保设备与资金的合理配置和有效利用，明确界定各级财政部门承担的保障职责，厘清各级政府事权，确保各地财政部门积极发挥职能作用，为法治保障体系建设提供有力支撑。各地应当建立健全法治保障设备与资金管理制度，明确使用、管理和监督责任，确保设备与资金使用依法合规。其次，科学使用法治经费。科学使用法治经费是有效配置法治资源的重要方面。法治经费的投入一定要与收益挂钩，要有科学的成本收益分析。经费使用要公开透明，严格遵守信息公开的法律法规，切实提高经费使用透明度。各地还应当加强现代技术手段的应用，如信息技术、监控技术等，提高设备与资金的管理效率和使用效果。再次，加大基层设备与经费保障投入力度。基层法治保障资源的合理配置尤为重要，特别是对法治宣传、公共法律服务等方面的投入，对于满足人民群众对公平、正义、安全等方面日益增长的需求和加快建设社会主义法治国家具有重要意义。

（三）样本县经验——江苏昆山

昆山市，别称鹿城，位于江苏省东南部，市域面积931平方公里，是"百戏之祖"昆曲的发源地，是全国18个改革开放典型地区之一，是全国首个市场主体规模破百万和地区生产总值破5000亿元的县级市，连续18年位居全国百强县首位。近年来，秉持"法治是最好的营商环境"理念，昆山市把打造高素质行政执法队伍作为营造最优营商环境的重要举措，创新构建制度保障、业务培训、模拟演练、实践养成及执法监督"五位一体"的行政执法人员法治素养提升体系，助力经济社会高质量发展，为法治赋能现代化建设提供了鲜活实践经验。

1. 制度保障固本强基。严格行政执法证件的申领、核发、使用、管理，全面实行行政执法人员持证上岗和资格管理制度，建立执法人员资格"初审—复核"两段准入审查机制，扣好行政执法人员开展执法活动的"第一粒扣子"。立足行政行为源头规范，针对执法过程中易出现的信息公开不及时、不透明，执法过程记录不全面、不标准等问题，率先制定《昆山市行政机关现场执法工作规程》，全面细致列出19种执法人员需与当事人接触的场景，为执法人员提供现场执法活动工作指引。参与编制全国首个乡镇（街道）综合行政执法机构建设地方标准——《基层综合行政执法机构运行规范》，对基层综合行政执法机构的工作职责、基本保障、内部管理和权力运行等四方面作出明确规定，并附机构标识标牌、执法装备配备清单、执法人员服饰式样和标志示意图，全面细致统一基层综合执法机构运行管理标准。

此外，着力健全守法激励和违法惩戒机制，推行行政执法人员平时考核制度，建立"月督查、季通报、年考评"工作机制，通过日常督查、集中检查、综合评价等形式，将法治素养提升考核结果作为执法人员职务职级调整、交流轮岗、奖励惩戒的重要依据，推动实现行政执法人员法治素养全面提升。

2. 业务培训夯基垒石。依托昆山市千灯镇综合行政执法局，打造行政执法人员法治素养提升实训基地，与苏州大学共建合作，开设行政执法大讲堂，分层分类开展13场650人次有针对性的专题理论学习。从市级赋权部门和区镇综合行政执法队伍中遴选从事法制或执法岗位2年以上、熟练掌握本部门赋权领域执法办案业务的骨干中选聘21人组成"雁阵"教官团，通过线上线下常态化开展送教轮训活动，培养"全科"基层综合行政执法能手，目前累计覆盖培训受众人数达5000余人次。

3. 模拟演练赋能增效。举办昆山市首届行政执法现场情景模拟（区镇）大比武活动，11家区镇综合行政执法局执法队员，围绕行政执法中的热点难点和广大群众生产生活中关心关注的焦点堵点问题，精心筛选日常执法过程中遇到的典型案例，生动演绎出一个个有力度有温度的执法场景，从住建、城管、卫生、人社等多个民生关切的领域，全方位展现区镇"一支队伍管执法"的综合执法改革成效。将典型案例情景模拟引入日常教育培训，通过一场场结合实战模拟的"头脑风暴"，常态化帮助执法人员在新形势下转变执法理念、规范执法行为，提升现场应急处置能力。

4. 实践养成知行合一。认真落实"谁执法谁普法"普法责任制，推动法治信仰内化于心、外化于行。深入推进包容审慎监管，大力提升行政执法人员柔性执法能力，通过制定全省首张区镇综合执法领域的涉企免罚轻罚清单、编制公布全市行政合规指导清单、研发行政合规清单电子书、创新打造跨领域跨部门执法"e企帮"新模式等一系列有效举措，切实提高执法质量和效率，减轻企业负担，更大力度激发市场主体活力，实现以规范执法促惠企利民。昆山市周市镇综合行政执法局针对初次违法且危害后果轻微的违法行为，推出小微违法行为"学法免罚"柔性执法举措，促进执法与普法相融合，让执法既有力度又有温度。

5. 执法监督正风明责。建立"市委巡察+执法监督"机制，将执法专项监督与巡察政治监督有机结合，以执法监督倒逼行政执法人员素养提升。制定出台全国首个加强区镇执法监督职能的实施意见，在全国县级市中率先建成上下联动、覆盖全面的市镇两级行政执法监督体系，研发基层执法监督工作指南，为基层执法监督提供工作指引。开设《尚法"执"播》网络直播节目，邀请人大代表、政协委员、专家学者、热心市民等全程参与跟拍执法过程，促使行政执法人员自觉规范执法行为，目前已在市场监管、农产品质量安全、生态环保、卫生健康、安全生产等重点执法领域进行行政执法全过程直播，累计在线观看人数超 10 万，观众提出问题两百余条。在企业、机关、基层单位等设立法治观测点，选聘法治观察员，广泛听取对改进行政执法的意见建议，在主动接受群众监督、解答群众疑问过程中，全方位展现行政执法人员严格规范公正文明执法形象。①

---

① 资料来源：调研、网站和样本县提供。

八　人民群众满意

坚持人民主体地位，必须坚持法治为了人民、依靠人民、造福人民、保护人民。以人民群众满意不满意为根本标尺，是中国共产党权力观、政绩观、事业观的核心。《法治社会建设实施纲要（2020—2025年）》提出："健全群众满意度测评制度，将群众满意度作为检验法治社会建设工作成效的重要指标。"[1]"人民群众满意度"应当是衡量法治建设成效的首要标准。

（一）问卷设计

"人民群众满意度"测评主要依托于问卷调查展开。问卷涵盖十个方面的问题。

1. 当地党员干部的清正廉洁情况如何？

党员干部清正廉洁情况是依据法治指标体系中的"党委依

---

[1]《法治社会建设实施纲要（2020—2025年）》，中国法制出版社2020年版，第20页。

法执政"指标设计的问题。习近平总书记在党的二十大报告中指出:"加强新时代廉洁文化建设,教育引导广大党员、干部增强不想腐的自觉,清清白白做人、干干净净做事。"① 扎实推进廉政建设,是我党一贯坚持的鲜明政治立场,是党自我革命必须长期抓好的重大政治任务。党员干部要铸牢理想信念、锤炼坚强党性,自觉同特权思想和特权现象作斗争,在各种诱惑面前立场坚定,要做到胸中有大义、心里有人民、肩头有责任。

2. 当地党员懂法吗?

党员干部懂法情况的满意度考察是依据法治指标体系中的"党委依法执政"指标设计的问题。党员干部是全面推进依法治国的重要组织者、推动者、实践者。党员干部必须自觉强化法治意识,带头遵守法律,牢记法律法规是绝对不可触碰的"高压线",始终运用法治的思维分析问题、处理问题、解决问题。只有真正使法治思维和法治方式成为各级党员干部的行为准则,才能确保权力能够按照法治思维和法治方式的轨道运行。

3. 政府工作人员在治安、城管等方面执法履行职责情况如何?

政府工作人员在治安、城管等方面执法履责情况的满意度考察是依据法治指标体系中的"政府依法行政"指标设计的问

---

① 习近平:《高举中国特色社会主义伟大旗帜 为全面建设社会主义现代化国家而团结奋斗》,《党的二十大报告辅导读本》,人民出版社2022年版,第62页。

题。高水平的行政执法是高质量的法律实施的关键。行政执法是涉及事实认定、条文解释、利益权衡等多个程序的复杂而精细的过程。努力让人民群众在每一个执法行为中都能感受到风清气正，从每一项执法决定中都能感受到公平正义，是法治政府建设的努力方向。

4. 当地做生意的法治环境怎么样？

当地营商环境的满意度考察是依据法治指标体系中的"政府依法行政"指标设计的问题。营商环境建设聚焦于法律规则及其实施机制的完善、规范市场监管、降低交易成本、提升司法公正性、为市场主体提供稳定的预期等问题。良好的营商环境、和谐的政商关系、规范化的市场秩序是推动经济高质量发展的"助推器"和"强心针"。稳定、公平、透明、可预期的营商环境建设目标需要依靠法治实现。法治化营商环境是确保市场经济发展的前提。法治是最好的营商环境。

5. 司法公正情况如何？

司法公正情况的满意度考察是依据法治指标体系中的"司法公正高效"指标设计的问题。习近平总书记提出："深化司法体制综合配套改革，全面准确落实司法责任制，加快建设公正高效权威的社会主义司法制度，努力让人民群众在每一个司法案件中感受到公平正义。"[1] 严格公正司法是全面依法治国的重要一环。司法机关必须坚持司法为民，改进司法工作作风，

---

[1] 习近平：《高举中国特色社会主义伟大旗帜　为全面建设社会主义现代化国家而团结奋斗》，《党的二十大报告辅导读本》，人民出版社2022年版，第38页。

切实解决好老百姓打官司难问题，正确把握人民群众对公平正义的新要求，更多、更好地满足人民群众的利益诉求。

6. 司法机关办案及时高效吗？

司法办案效率的满意度考察是根据法治指标体系中的"司法公正高效"指标设计的问题。办案质量、办案效率与办案效果是人民群众感受公平正义的三个维度，司法工作应坚持"质量优先、兼顾效率、重视效果"的价值追求。迟到的正义不是正义。效率是诉讼经济原则的内在要求，更是人民群众对法律实施效果的最直接感受。从法治实效角度来看，人民群众对于司法办案效率的满意程度对法治建设具有重要意义。

7. 周边的人遵纪守法吗？

民众遵纪守法情况的满意度考察是根据法治指标体系中的"全民尊法守法"指标设计的问题。建设法治国家，必须推动全民守法，增强全社会厉行法治的积极性和主动性，形成守法光荣、违法可耻的社会氛围，使全体人民都成为社会主义法治的忠实崇尚者、自觉遵守者、坚定捍卫者。遵纪守法是每个公民应尽的义务，是建设中国特色社会主义和谐社会的基石。人民群众遵纪守法是法治社会建设的重要成果体现，民众的遵纪守法程度能够较好地反映一个地区的法治社会建设状况。

8. 周边的人讲信用吗？

社会信用的满意度考察是根据法治指标体系"全民尊法守法"指标设计的问题。加强诚信建设是践行社会主义核心价值观和推进国家治理现代化的重要举措。强化社会信用体系建设，对保护群众权益、化解矛盾风险、维护和谐的社会秩序具有重要的现实意义。没有良好的社会信用，就不可能有良好的市场秩序，不可能有健康的市场经济发展。党中央、国务院高度重视社会信用体系建设，出台一系列政策文件，要求加快推进社会信用立法，推动社会信用体系建设全面纳入法治轨道。

9. 媒体对法治建设的监督作用大吗？

媒体对法治建设监督情况的满意度考察是依据法治指标体系中的"法治监督健全"指标设计的问题。媒体监督是社会监督重要方式。媒体对法治建设监督情况满意度能够反映社会监督的影响力度以及在法治社会建设中的作用程度。媒体监督发挥着不可替代的作用。例如，媒体监督可以通过报道不作为和乱作为的案例，引起公众的关注和舆论压力，推动政府部门加强工作纪律和规范。媒体监督为社会建立了一个良好的舆论环境，引导舆论，营造社会监督的氛围。

10. 当地政法队伍的整体素质怎么样？

当地政法队伍整体素质的满意度考察是依据法治指标体系中的"法治保障有力"指标设计的问题。习近平总书记在党的十八届四中全会上指出："全面推进依法治国，建设一支德才兼备的高素质法治队伍至关重要。"[①] 人民群众对政法队伍整体素质的满意度可以较为客观地反映当地政法队伍建设情况。

[①] 习近平：《加快建设社会主义法治国家》，《求是》2015年第1期，第4页。

（二）问卷调查结果分析

本次问卷调查对象涵盖不同年龄、不同职业。问卷分析以第一阶段收集的 70757 份样本为基本素材，同时运用网上抓取的其他数据材料。受访者年龄分布如下：16 岁以下为 2025 人次，占 2.86%；16—18 岁为 4827 人次，占 6.82%；18—30 岁为 10769 人次，占 15.22%；30—40 岁的为 24892 人次，占 35.18%；40—50 岁为 13926 人次，占 19.68%；50 岁以上为 14318 人次，占 20.24%。

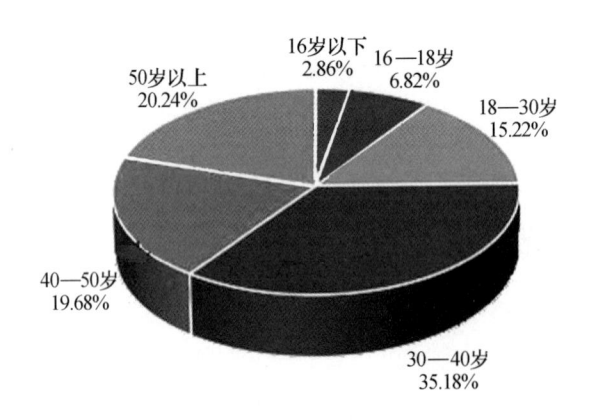

图 8.1　人民群众满意度测评对象年龄分布

受访者职业分布为：农民为 1634 人次，占 2.31%；工人为 6203 人次，占 8.77%；企业管理人员为 5983 人次，占 8.46%；个体工商户为 7329 人次，占 10.36%；律师为 10143 人次，占 14.33%；记者为 4893 人次，占 6.91%；教师为 6614 人次，占 9.34%；政府工作人员为 15801 人次，占

八 人民群众满意 / 169

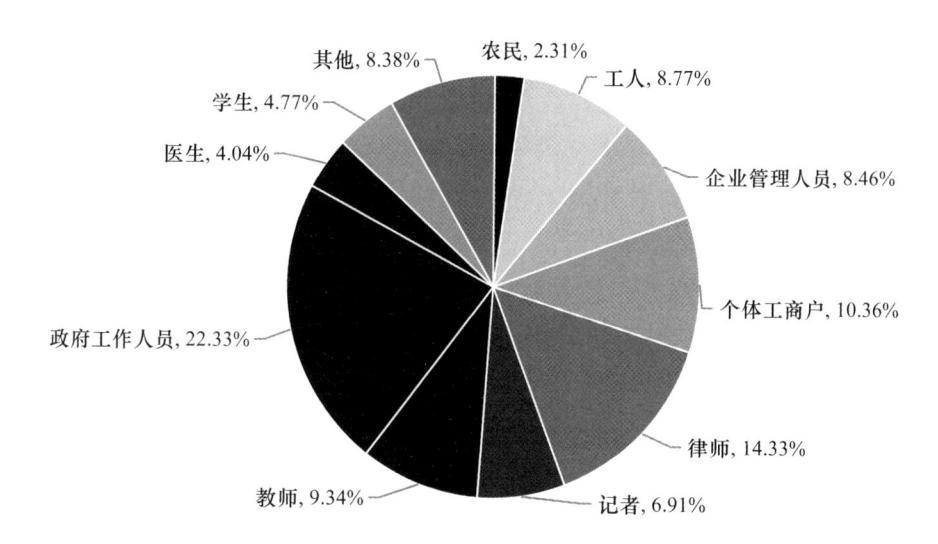

图8.2 人民群众满意度测评对象职业分布

22.33%；医生为2857人次，占4.04%；学生为3377人次，占4.77%；其他职业为5923人次，占8.38%。

1. 当地党员干部的清正廉洁情况如何？

本次调查中，74.97%的受访者认为当地党员干部清正廉洁情况非常好；14.79%的受访者认为比较好；10.24%的受访者认为一般。从省域层面看，浙江、吉林、山西、江苏、江西、青海、新疆、四川等18个省域的受访者对当地党员干部清正廉洁情况较为满意。在所有省域中，浙江省党员干部清正廉洁的人民群众满意度最高，共计90.32%的浙江受访者对当地党员干部清正廉洁情况表示肯定（认为非常好或比较好），表明浙江省始终坚定不移地深化党风廉政建设，坚定不移地把人民群众满意度作为检验党风廉政建设成效的一大标准，坚持严字当头、管处用力，着力在转作风、提效能、强监督、严纪律上狠下功夫。

部分样本县坚持提升党风廉政建设群众满意度，坚定落实全面从严治党政治责任。例如，浙江省杭州市余杭区持续推进法治指数测评，每年开展人民群众满意度调查，着力在当地党员干部中营造遵纪守法、清正廉洁的良好氛围；湖北省宜昌市枝江市等样本县把反腐败作为年度工作重点之一，近一年内均无党委工作人员违法违纪事件发生。整体上，全国各地已基本形成廉洁勤政的良好氛围，营造了风清气正的政治环境，有效推动党风廉政建设群众满意度不断提升。

2. 当地党员懂法吗？

本次调查中，71.00%的受访者认为当地党员懂法；21.00%的受访者表示当地党员比较懂法；其余8.00%的受访者认为当地党员的懂法程度一般。相较其他问题数据结果，受访者对当地党员懂法情况的人民满意度普遍较高，且各地区满意度数据结果差距较小。绝大多数参评省域坚持培养党员法治思维，努力提升党员依法履职能力。

结合法治指标得分数据结果，诸多样本县在培育党员干部法治素养方面取得了优异的工作成效。就"组织学习习近平法治思想覆盖率"这一单项指标而言，江苏省苏州市昆山市、江苏省无锡市江阴市等样本县多次部署开展习近平法治思想学习培训工作，深入学习领会习近平法治思想的重大意义、丰富内涵、精神实质、实践要求，单项指标得分进入优秀区间。又如，青海省西宁市西吉县和辽宁省沈阳市和平区以构建社会普法大格局为目标，以积极回应人民群众对普法工作的新需求、新期待为出发点，全力打造社会普法组织。可见，多数样本县坚持把法治建设工作作为重要工作任务，切实培养和提升党员干部的法治素养，不断提高党员干部的依法履职能力。

3. 政府工作人员在治安、城管等方面执法履行职责情况如何？

在全国31个参评省域的受访者中，74.00%的受访者对当地城市管理行政执法部门依法履职情况表示充分肯定，认为行政执法部门表现优异；另有19.00%的受访者认为履职情况比较好；余下7.00%受访者认为一般。数据表明，整体上参评省域的群众对当地城市管理行政执法履职情况较为满意。

其中，天津、江苏、上海、广东在本项数据上结果较为理想，分别有77.63%、75.37%、73.66%、71.38%的受访者表示政府工作人员在治安、城管等方面执法履行职责情况非常好。与之相对，甘肃、云南、河南等的数据结果低于平均值，仅有69.76%、70.26%、71.11%的受访者表示政府工作人员在治安、城管等方面执法履行职责情况非常好，表明这些省份在政府依法行政方面仍有待改进。一些行政违法行为没有得到及时纠正与惩处。行政问责失之于宽、失之于软，有案不查、有错不究的问题依然存在。

4. 当地做生意的法治环境怎么样？

本次调查中，共计71.33%的受访者认为当地营商环境非常好；22.49%的受访者认为比较好；6.18%的受访者认为一般。结合调研及测评过程，可以发现多数参评省份致力于提升政务服务效能，助力创新政府治理和优化营商环境，良好的营商环境已普遍形成，部分省份测评结果见表8.1。

表8.1　部分省份对当地做生意的法治环境情况测评结果　　单位：%

省份	非常好	比较好	一般	比较差	差
浙江省	74.15	20.20	5.30	0.23	0.12
吉林省	61.32	27.13	10.37	0.68	0.51
江苏省	89.69	8.01	1.86	0.35	0.09
四川省	50.33	41.78	6.91	0.82	0.16

问卷测评结果显示，营商环境的发展情况大致与当地经济发达程度成正比，且存在较为明显的梯度效应，东南部经济发达地区的营商环境的发展情况要远优于其他地区。例如，江苏省的受访者中有高达89.69%的人认为当地做生意的法治环境非常好。这源自江苏省多年来坚持不懈地推进"放管服"改革，努力打造市场化、法治化、国际化一流营商环境，重商安商氛围日益浓厚，全省民营经济发展持续向好。中西部一些省份的受访者对当地营商环境地满意度相对评价不高，如四川省的受访者中只有50.33%的人认为当地做生意的法治环境非常好，吉林省的受访者中只有61.32%的人认为当地做生意的法治环境非常好。

5. 司法公正情况如何？

通过梳理问卷调查结果发现，71.36%的受访者认为当地司法公正情况非常公正；14.83%的受访者认为比较公正；13.81%的受访者认为一般。满意度较高的样本县分布于江苏、福建、浙江、河北、江西、湖南、黑龙江等地。例如，河北省司法公正满意度较高，有高达88.04%的受访者表示当地司法非常公正。"司法公平正义"相关的单项指标结果进一步显示，河北省始终践行司法为民的理念，以实际行动为人民群众办实事、解难题，为人民司法，让人民满意，真正为群众排忧解难。河北省行政诉讼一审败诉率不超过5%，公职律师覆盖率不断提升，单项指标结果表现出色。河北各地法院也在司法实践中探索出一套新的工作方法，司法实践卓有成效，如承德市中级人民法院构建一村一法官、一社区一法官、一校一法官工作机制，实现纠纷就地调处化解；平山县人民法院入驻党委牵头建立的矛盾纠纷调处中心，将大量矛盾纠纷化解在初始状态；邯郸市永年区人民法院不断加强与区委政法委沟通协调，构建了"诉源治理成绩"月通报的工作机制。河北司法系统积极依法能动履职，努力让人民群众得实惠、更便捷。

6. 司法机关办案及时高效吗？

在本次调查中，72.07%的受访者认为司法机关办案及时高效；17.54%的受访者认为比较及时；10.39%的受访者认为司法机关办案效率一般。总体来看，大部分样本县的司法效率集中于良好水平。其中上海市静安区、浙江省嘉兴市桐乡市等样本县司法效率满意度较高，均有超过85%的受访者表示当地司法机关办案及时高效，表明当地司法切实整治案件积压突出问题，系统努力提升诉讼服务实效，深入推进积案清理。

上海法院司法效率的满意度排名位居全国前列，有87.37%的受访者认为当地司法机关办案非常及时高效。上海法院认真落实最高人民法院"智慧法院"建设和市委数字化改革部署，运用大数据、人工智能、区块链等新技术，大力推进"线上线下深度融合、内网外网共享协同、有线无线互联互通"的"全域数字法院"改革。当前上海已逐渐形成"全域协同、繁简分流、事项集约、权责清晰、运行高效、管理精准"的执行新模式。

部分样本县的司法效率仍存在一定的进步空间，如青海省海西州乌兰县的民商事案件自动履行率相对不高；湖南省常德市武陵区的一审服判息诉率有待提升。司法效率数据结果相对不理想的地区需持续聚焦"司法效率再提速"，认真践行司法为民的宗旨，想人民之所想、急人民之所急，切实提升人民群众司法获得感、满意感。

7. 周边的人遵纪守法吗？

本次调查中，87.13%的受访者表示周边的人非常遵纪守法或比较遵纪守法。数据结果表明尊法守法在全社会蔚然成风，法治逐渐成为全民的思维方式和行为习惯。调查结果见图8.3。

结合单项指标测评结果来看，部分地区群众法治观念普遍较强。例如，浙江省万人失信率全国最低，每万人中121人失信；重庆市渝北区充分重视人民群众权利保护，着力构建良性法律援助工作格局，法律援助万人受援率超过15；湖南省常德市武陵区万人犯罪率呈逐年下降，优于大部分样本县情况。

部分地区依然存在法治观念不强、权利保护不到位的问题。例如，西藏、吉林、陕西、山西、湖南等省域万人失信率

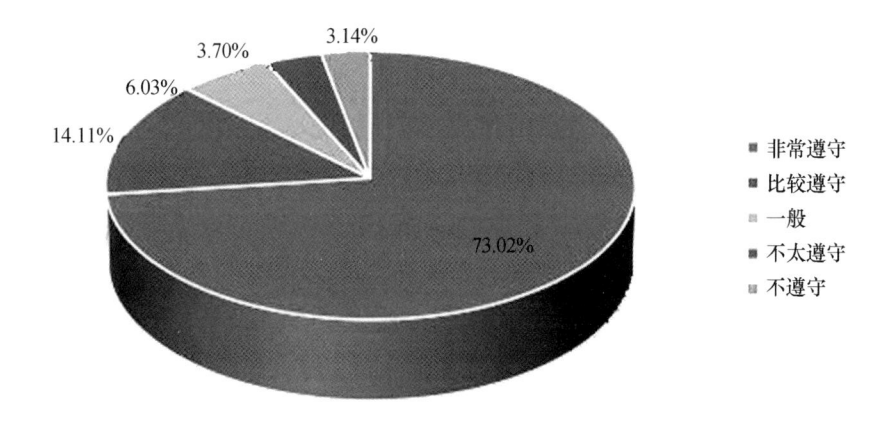

图中数据:
- 3.14%
- 3.70%
- 6.03%
- 14.11%
- 73.02%

图例:
- 非常遵守
- 比较遵守
- 一般
- 不太遵守
- 不遵守

图 8.3　118 个样本县遵纪守法人民群众满意度测评结果分布

相对较高,云南、广西、黑龙江等省域近两年警情数高于全国平均数量,说明部分地区有待增强群众法治意识,提高群众法治素养。对此,还需要不断增强人民群众对法律的内心拥护和真诚信仰,让社会主义法治精神成为全社会的价值共识,在新时代新征程上谱写全面依法治国新篇章。

8. 周边的人讲信用吗？

本次调查中,64.19% 的受访者认为周边的人非常讲信用;14.71% 的受访者认为周边的人比较讲信用;14.51% 的受访者认为周边人的信用度一般;6.59% 的受访者认为周边的人不太讲信用;余下 6.62% 的受访者认为周边人的信用度较差。数据表明参评地区的信用环境总体处于良好水准,社会诚实守信的氛围浓厚。

本项数据结果较为理想的样本县分布于浙江、湖南、山西、福建、江西、山东等。其中浙江绍兴市新昌县、河北沧州市肃宁县、青海海西州乌兰县、山西晋中市平遥县有超过80%的受访者对周边人群的信用度相对满意。这与当地持续推进社会信用体系建设高质量发展密切相关。

9. 媒体对法治建设的监督作用大吗？

媒体监督是构建权力监督机制的重要环节。在全国31个参评省份的受访者中，超过80%的受访者认为媒体对法治建设的监督作用非常大或比较大，说明人民群众普遍重视媒体监督，充分肯定媒体监督对法治建设的积极作用。其中，北京、上海、浙江、江苏等地有超过85%的受访者认为媒体对法治建设的监督作用非常大或比较大，表明这些地区普遍认可媒体在维护社会公正、促进法治建设方面的重要作用。

新媒体已成为法治建设的推动力量。如何利用好媒体监督考验着政府的治理能力。对此，各地需进一步加强信息公开，健全涉法涉案舆情监测与管理监督联动机制，落实和改进党务公开、政务公开、村务公开等制度，减少权力的随意性，确保权力运行的规范性，从根本上防止不正之风和消极腐败现象的滋生。

10. 当地政法队伍的整体素质怎么样？

在本次调查中，74.05%的受访者认为当地政法队伍的整体素质非常好或比较好；14.51%的受访者认为一般；11.44%受访者认为当地政法队伍的整体素质比较差或非常差。数据结果说明政法队伍建设始终是各地政府系统的工作重点之一，政法队伍整体素质得到了普遍认可。

多地聚焦素质能力提升，夯实政法队伍建设。四川、浙江、福建、上海、重庆等地受访者对当地政法队伍满意度较为理想，均有超过85%的受访者认为当地政法队伍的整体素质非常好或比较好。其中，四川省坚决贯彻落实党中央决策部署，紧紧围绕筑牢政治忠诚、清除害群之马、整治顽瘴痼疾、弘扬英模精神"四项任务"，努力推进教育整顿走深走实，2022年累计开展谈心谈话28万余人次，组织完成两轮次以上《个人自查事项报告表》填报，给真心悔过的干警一个放下包袱、轻装上阵的机会。与之相对，西藏、内蒙古、新疆等地的政法队伍的人民群众满意度相对偏低，仍存在改进空间。对此，需重视政法队伍整体素质的提升，努力建设一支信念坚定、执法为民、敢于担当的政法队伍，努力营造风清气正、干事创业的良好生态。

（三）样本县经验——浙江景宁

景宁畲族自治县隶属浙江省丽水市。景宁于明景泰三年（1452年）置县，1984年6月经国务院批准建立畲族自治县。景宁是全国唯一的畲族自治县，也是华东地区唯一的民族自治县。景宁畲族歌舞、服饰、语言、习俗、医药等传统文化传承发展良好，畲族民歌、畲族三月三、畲族婚俗被列入国家级非遗项目，"中国畲乡三月三"被评为"最具特色民族节庆"。景宁是浙江高质量发展建设共同富裕示范区第二批试点地区，全国民族团结进步创建示范区。根据浙江省统计局公布的2022年度法治浙江建设群众满意度调查报告，景宁县群众满意度位列全省第一。近年来，景宁县大力推行"便民法治"，在营造法治氛围、提高法治观念方面取得良好成绩，具有鲜明的辨识度。

1. 打造"民主法治村（社区）"，树立法治标杆

景宁县把基层民主法治工作纳入经济和社会发展的发展规划与年度考核中，大力推进"民主法治村（社区）"创建工作，让"民主法治村（社区）"成为基层法治标杆。

第一，坚持党的领导为引领，强化政治引领、思想引领，让村（社区）干部和广大人民群众充分认识到"民主法治村（社区）"创建工作的重要意义。

第二，以健全完善制度为关键，健全村级各项制度建设，依章办事，以制度规范管理；通过村民大会、村民代表会议，制定村民自治章程，完善"三务"公开、重大工程项目招投标、群众评议等一系列规章制度，还老百姓一个放心。

第三，建立科学的考核评估制度，进一步调整完善创建工作标准，强化对"民主法治村（社区）"创建工作的动态管理。截至目前，景宁县创建国家级"民主法治村（社区）"1个、省级"民主法治村（社区）"22个、市级"民主法治村（社区）"75个，基层民主法治建设步伐不断推进，基层依法治理能力水平不断提高，为全县乡村振兴工作大局提供了坚实的法治保障。

2. 全域普法、全程普法、全员普法，实现普法全覆盖

景宁自治县把培育全民法治素养作为基础工程，实施全域普法、全程普法、全员普法行动，让法治深入人心。

一方面，景宁自治县注重发挥"头雁效应"。景宁自治县坚持党的领导，认真学习践行习近平法治思想，认真落实《党政主要负责人履行法治建设第一责任人职责》，充分发挥党委在推进法治建设中的领导作用。第一，县委常委会、县政府常务会议每年听取法治政府建设工作情况汇报，及时研究解决有关重大问题。第二，开展系列学法活动，组织县委理论中心组、常委会、公务员学法，不断增强领导干部尊法守法意识，推进全县学法用法常态化。第三，加强村（社）干部法治培训工作，利用县委党校、村（社）干部培训班等渠道，开展法律培训，提升村（社）干部管理村务的能力和水平。

另一方面，景宁自治县注重打好"普法牌"。景宁县积极培育"法律明白人""法治带头人"，构建县乡村三级微信塔群，构建"1+X"普法宣传体系，让"法律明白人""法治带头人"成为农村普法的主力军，让"身边人讲身边事，身边人来普法"，带领村里老人、留守儿童、外出务工人员开展"线上+线下"全方位普法。据统计，景宁县"法律明白人""法治带头人"在全县145个村（社区）中实现全覆盖，其中全县"法律明白人"725人，"法治带头人"290人。例如，景南乡推行"1+1+N"（"一人+一村+组织N场活动"）乡村普法创新模式，为村民提供"私人订制"法治服务，普法队员们积极发挥"互联网+"作用，深入开展文化广场"现场普"、电子大屏"线上普"、下村入户"精准普"，引导村民自觉尊法学法守法用法。景宁县精准抓住全县各地各民族民俗节庆时机，把准"群众集中在哪里，哪里就是普法阵地"的关键，紧扣春茶节、三月三、文化节等传统民俗节日，在当地组织民众开展民俗活动的同时开展法治文化宣传教育，推动法治意识、法治理念潜移默化生根于群众心中、脑中，助推群众在日常生活中自觉尊法学法守法用法。

3. 推行柔性执法，使执法更有"法治温度"

景宁县适应基层治理法治化的需要，深化"柔性执法"，让执法更有"法治温度"。

第一，探索柔性执法模式，营造柔性执法环境。景宁县出台《企业行政合规指导清单》《景宁畲族自治县轻微违法行为不予行政处罚事项清单（第一批）》等政策，积极探索柔性执法模式。各行政执法单位以推行柔性执法为抓手，在实践中积累包容审慎监管经验，以有温度的执法助企纾困，进一步营造宽松和谐的法治化营商环境。景宁县大力推进精准执法、严格执法、柔性执法，全力打造忠诚干净担当的行政执法铁军，确保柔性执法顺利推进。

第二，深化数字执法，提高执法效率。景宁县全面推广浙江省"大综合一体化"执法监管数字应用，提升执法协同模块使用率，创新和完善执法体制机制，力求更大范围推进跨部门、跨领域综合行政执法改革，更大力度推动行政执法力量与基层网格的协同联动。

第三，执行积案，为企业解困。景宁县开展优化法治化营商环境暨暖企护企执行积案大清理行动，加大力度推进积案化解，全力营造最优法治化营商环境，以高质量司法服务保障走好共富特色之路。围绕行动方案，景宁县全力开展涉企"挂案"大清理大化解、涉金融不良资产清收处置等行动,以点带面,全盘推进,推动各类积案化解。例如,景宁自治县人民法院深化"执行一件事"改革,已实现拍卖房产处置在线协办,拍前违章查询,拍后处置反馈,房产证办理资料在线流转、确认,竞拍人无需再奔波。据统计,自"执行一件事"平台上线以来,景宁法院执行事项受托平均用时从1.84天缩短到0.83天。事项受托期限内办结率为100%,每案的财产查询时间缩短3天,财产控制时间缩短2天,执行质效明显提升。

4. 创新便民法律服务,实现公共法律服务"零距离"

景宁县以法律服务便民为着力点,整合法律服务职能,强力打造"便民、育民、惠民"公共法律服务品牌,实现公共法律服务"零距离"。

第一,完善法律服务线上线下平台建设。一方面,推进公共法律服务体系建设,加强对全县22个公共法律服务站,143个村(社区)公共法律服务点的管理,让法律服务更加便民、利民。另一方面,加强法律服务热线建设,将"12348"公共法律服务专线打造成为服务民生的窗口,通过电话在线咨询、远程视频解答、周末惠民热线等便民服务措施,实现群众法律服务"一话通"。

第二,深化法律援助"最多跑一次",打造"一小时法律援助服务圈"。景宁县出台措施,致力通过加强和改善法律援助机构网络建设、制度建设、工作流程设置和提高工作能力、工作效率,为贫困群众和弱势群体提供规范的法律援助服务。例如,景宁县制定《景宁县欠薪案件法律援助审理"绿色通道"制度》《景宁县司法局助力无欠薪县工作方案》等政策，主动为农民工提供法律服务和法律援助，降低法律援助申请门槛，让残疾人、老年人、未成年人、军人军属等特殊群体享受法律援助绿色通道。

第三，迭代升级企业法律服务平台建设。景宁畲族自治县创建"向企"法律服务平台，以山海协作、智能运用、数字赋能等形式推进工作。2023年4月，景宁迭代升级的"向企"法律服务便利店小程序全新上线。该便利店小程序整合司法、律师、调解、法治宣传、法律援助、公证服务等法律服务资源，陈列着法律咨询、金牌调解、法律服务、"法律八进"[1]、法治建议五大类的法律服务产品，面向全县1000余家民营企业提供公证咨询、裁决咨询、法治讲座、法治体检等多种涉企公共法律服务。[2]

---

[1] "法律八进"，即"法律进机关、进乡村、进社区、进学校、进企业、进单位、进市场、进家庭"。

[2] 资料来源：调研、网站和样本县提供。

结　　语

　　法治是最好的治理方式。良法善治是衡量法治现代化水平的标尺。国家治理现代化必须走法治道路。

　　中国走出了一条适合国情的法治现代化道路，取得了显著成就。在法治的轨道上，世界人口第一大国创造了从贫穷萧条转变成为世界上最富活力的市场经济，实现了从计划经济到社会主义市场经济、从封闭半封闭到全方位开放的历史性转变，实现了中国人民从站起来、富起来到强起来的伟大飞跃，实现了改革开放和国家现代化建设的伟大成就。中国对法治的探索和实践永无止境。与现代化建设的新要求和人民对法治的新期待相比，中国的法治还需要不断发展完善。在全面建设社会主义现代化国家新征程上，中国共产党将一以贯之推进改革开放和社会主义现代化建设，一以贯之推进社会主义法治建设，一以贯之推动实现全体人民共同富裕和法治梦想。

　　中国法治文明和世界各国的法治文明共同组成人类法治文明。人类法治文明的共同价值架起了中国式法治现代化和世界法治现代化的桥梁。中国式法治现代化新境界的创造，良法善治在中国的成功实现，必将加快世界法治现代化的进程。中国式法治现代化积极弘扬全人类共同价值，必将引领人类法治进步潮流。在全面推进中华民族伟大复兴的新征程中，中国共产党团结带领中国人民将不断创造中国式法治现代化新境界，不断走向良法善治的理想境界，不断为世界法治现代化提供中国智慧、为人类法治文明进步提供中国元素、为人类命运共同体建设奉献中国力量。

世界形势复杂严峻，挑战和危机不断出现。每个民族，每个国家应该风雨同舟，荣辱与共，努力把我们这个星球建设成一个和睦的大家庭。珍视和平、增强互信、彼此包容、携手同行，共同构建人类命运共同体，是人类不断走向光明的必由之路。中国人民愿同世界各国人民一道，本着相互尊重、求同存异的精神，共同丰富发展人类法治文明，共同推动构建人类命运共同体，共同为和平发展、公平正义、人类幸福做出最大的贡献。

附录 2023法治指数样本县名单

排序	省（市、自治区）	地级市（自治州、盟）	县（市、区、旗）
1	浙江省	杭州市	余杭区
2	江苏省	苏州市	昆山市
3	广东省	深圳市	龙岗区
4	上海市		普陀区
5	北京市		东城区
6	浙江省	金华市	义乌市
7	福建省	泉州市	晋江市
8	浙江省	温州市	乐清市
9	江苏省	无锡市	宜兴市
10	浙江省	衢州市	常山县
11	浙江省	丽水市	景宁畲族自治县
12	江苏省	苏州市	太仓市
13	浙江省	湖州市	德清县
14	湖南省	长沙市	宁乡市
15	浙江省	宁波市	海曙区
16	山东省	东营市	广饶县
17	广东省	广州市	南沙区
18	浙江省	绍兴市	新昌县
19	河北省	石家庄市	正定县
20	江西省	南昌市	南昌县
21	上海市		闵行区

续表

排序	省（市、自治区）	地级市（自治州、盟）	县（市、区、旗）
22	浙江省	台州市	临海市
23	福建省	泉州市	惠安县
24	重庆市		渝北区
25	陕西省	西安市	莲湖区
26	安徽省	合肥市	肥东县
27	新疆维吾尔自治区	和田地区	和田市
28	甘肃省	兰州市	七里河区
29	福建省	福州市	闽侯县
30	江苏省	镇江市	扬中市
31	河北省	沧州市	吴桥县
32	上海市		静安区
33	山东省	潍坊市	青州市
34	广东省	佛山市	南海区
35	山西省	晋中市	平遥县
36	江西省	新余市	渝水区
37	湖南省	常德市	武陵区
38	北京市		延庆区
39	贵州省	遵义市	仁怀市
40	海南省	海口市	美兰区
41	江西省	萍乡市	湘东区
42	山东省	烟台市	龙口市
43	河北省	承德市	滦平县
44	宁夏回族自治区	银川市	兴庆区
45	江西省	景德镇市	乐平市
46	青海省	海东市	互助土族自治县
47	青海省	海北藏族自治州	祁连县
48	海南省	省直辖	澄迈县
49	河南省	郑州市	新郑市
50	河北省	保定市	曲阳县
51	宁夏回族自治区	固原市	西吉县

续表

排序	省（市、自治区）	地级市（自治州、盟）	县（市、区、旗）
52	河南省	许昌市	禹州市
53	吉林省	通化市	梅河口市
54	新疆维吾尔自治区	阿勒泰地区	布尔津县
55	四川省	遂宁市	射洪市
56	海南省	省直辖	万宁市
57	四川省	绵阳市	游仙区
58	辽宁省	葫芦岛市	兴城市
59	云南省	昆明市	安宁市
60	山西省	太原市	小店区
61	新疆维吾尔自治区	阿克苏地区	沙雅县
62	贵州省	六盘水市	盘州市
63	宁夏回族自治区	石嘴山市	惠农区
64	云南省	迪庆藏族自治州	香格里拉市
65	福建省	龙岩市	武平县
66	湖北省	宜昌市	宜都市
67	陕西省	榆林市	榆阳区
68	陕西省	宝鸡市	凤县
69	陕西省	延安市	黄龙县
70	四川省	攀枝花市	米易县
71	河南省	商丘市	永城市
72	广西壮族自治区	百色市	乐业县
73	天津市	天津市	和平区
74	吉林省	长春市	南关区
75	湖南省	湘潭市	湘潭县
76	湖南省	湘西土家族苗族自治州	永顺县
77	内蒙古自治区	鄂尔多斯市	准格尔旗
78	内蒙古自治区	包头市	土默特右旗
79	安徽省	宣城市	宁国市
80	吉林省	四平市	铁西区
81	天津市		河西区
82	重庆市		酉阳土家族苗族自治县

续表

排序	省（市、自治区）	地级市（自治州、盟）	县（市、区、旗）
83	西藏自治区	日喀则市	江孜县
84	四川省	阿坝藏族羌族自治州	红原县
85	湖北省	宜昌市	枝江市
86	黑龙江省	佳木斯市	桦南县
87	青海省	海西蒙古族藏族自治州	乌兰县
88	天津市		北辰区
89	重庆市		沙坪坝区
90	山西省	忻州市	忻府区
91	广东省	汕尾市	陆丰市
92	贵州省	贵阳市	南明区
93	内蒙古自治区	呼和浩特市	托克托县
94	辽宁省	沈阳市	和平区
95	广西壮族自治区	柳州市	三江县
96	安徽省	芜湖市	南陵县
97	广西壮族自治区	崇左市	凭祥市
98	湖北省	宜昌市	五峰县
99	云南省	红河哈尼族彝族自治州	开远市
100	黑龙江省	牡丹江市	穆棱市

后　　记

　　法治指数是法治发展的"晴雨表"。自2007年国内首个县域法治指标体系出台、2008年首个县域法治指数——余杭法治指数发布以来，法治量化评估已经成为中国法治实践的基本工具，量化法治和数字法治已成为中国法治研究的重大领域。2023年，钱弘道教授主持的法治指数和数字化场景应用课题组首次进行全国县域法治指数样本县测评。白皮书《中国法治指数报告2023》阐释了县域法治指标体系，分析了全国样本县法治指数的测评结果，介绍了部分样本县的经验。

　　2022年，课题组在十多年的杭州市余杭区法治指数测评的基础上，对指标体系进行了全面修改。钱弘道、卢芳霞、沈广明、黄外斌、吴广、冯烨、刘志皎、强盛、余钊飞等课题组成员参与指标设计。范良聪、李嘉、王朝霞、唐培培等参与调研和讨论。金伯中、胡铭、汪世荣、赵骏、钭晓东、曾赟等参与指标评审修改。在课题调研中，余杭区、绍兴市、诸暨市、台州市、衢州市、丽水市等地相关部门同志提出了宝贵意见。课题组成员同时参与新时代"枫桥经验"指标体系设计。中国法学会、浙江大学、中国社会科学院、公安部、中国人民大学、中共浙江省委政法委、浙江省法学会等有关单位的专家学者对法治指标体系或新时代"枫桥经验"指标体系提出了宝贵建议。

2022年11月25日，在浙江大学、中共浙江省委政法委、浙江省法学会、绍兴市委市政府等单位主办的第四届新时代"枫桥经验"高端峰会上，课题组正式发布2022年浙江省新时代"枫桥经验"指数样本县测评结果，同时发布2022年浙江省法治指数样本县测评结果。

浙江大学联合阿里云计算有限公司、浙江省公众信息产业有限公司、华为技术有限公司、杭州天阙科技有限公司、浙江甲骨文超级码科技股份有限公司、华院计算技术（上海）有限公司、浙江非线数联科技股份有限公司、航天神州智慧系统技术有限公司、浙江汇信科技有限公司等技术单位联合攻关，合作开展数字法治研究，研发设计了法治指数监测平台。浙江大学和浙江甲骨文超级码股份有限公司合作研发"法治码"。浙江大学、阿里云计算有限公司合作开展"法治数据采集和应用"课题研究。钱弘道担任数字法治课题总负责人。

2023年，课题组启动全国首次法治指数样本县测评，同时启动全国新时代"枫桥经验"指数样本县测评。两大指数样本县不重复。课题组根据各地经济社会发展状况、依法治省办或专家讨论推荐选取部分样本县进行测评。考虑到全国各省样本县的适度均衡，一些省份的样本县虽然被作为数据抓取和分析对象且测评结果良好，但不列入本次百个样本县名单，也不作为样本县经验介绍对象。考虑到浙江省作为共同富裕示范区等实际情况，浙江样本县略多。

浙江大学、浙大城市学院、温州理工学院、贵州大学、吉林财贸大学、杭州师范大学、湖州师范学院、广西师范大学等单位参与了数据采集工作。黄外斌、丁超、胡郡玮、仇晓光、段海风、阿迪力、敖璐、朱美宁、徐向易、吴越、郎浚皓、殷娜、秦日中、庄妍、程坤等参与数据采集工作。

钱弘道、沈广明、黄外斌、刘静、胡郡玮、俞晓波、窦海心、刘志皎、吴越、敖璐、丁超、徐向易等参加了白皮书的撰写。华为技术有限公司、华院计算技术（上海）有限公司、阿里云计算有限公司、浙江省公众信息产业有限公司、杭州天阙科技有限公司、浙江甲骨文超级科技码股份有限公司、浙江非线数联科技股份有限公司、航天神州智慧系统技术有限公司等技术单位参与了白皮书撰写和讨论。钱弘道负责白皮书总体结构设计。具体分工如下：

钱弘道负责撰写前言；

钱弘道、康兰平负责撰写第一部分：量化法治和数字法治；

沈广明、敖璐参与撰写第二部分：党委依法执政；

俞晓波、沈广明参与撰写第三部分：政府依法行政；

刘静、王琴参与撰写第四部分：司法公平正义；

窦海心、王琴参与撰写第五部分：全民尊法守法；

刘志皎、陈宝川参与撰写第六部分：法治监督健全；

谢天予、王璐园、胡郡玮参与撰写第七部分：法治保障有力；

吴越、刘勇、徐向易参与撰写第八部分：人民群众满意；

钱弘道负责撰写结语。

钱弘道负责全书修改统稿。黄外斌、丁超、胡郡玮、高斌、敖璐、吴越、徐向易、郭人菡、刘权、徐冰冰、郎浚皓等参加了白皮书的校读修改。李林、金伯中、胡铭、汪世荣、赵骏、钭晓东、曾赟、蒋国长等专家学者参与指数和白皮书评审。

钱弘道、赵骏、冯烁、敖璐、章彦英、Sughra、Marianne Uon Blomberg、Moshchelkov Vasilii、Ovidijus 等参与序言英文翻译讨论及外译工作。

在课题调研、数据抓取、人民群众满意度调查、白皮书撰写等工作过程中，课题组得到了来自高校科研机构和实务部门的支持和协助。有的样本县为经验介绍提供了详实可靠的素材，为白皮书的完成创造了条件。本书的出版得到了中国社会科学出版社的大力支持。赵剑英社长非常关心本书的出版。张林编辑非常敬业，付出了辛劳。在此，谨向大家一并表示衷心的感谢。

在开展全国首次法治指数样本县测评工作的过程中，课题组在数据抓取、资料收集、调研开展、白皮书撰写等各环节都碰到了客观困难，各种不足在所难免，有待今后不断完善。

中国法治指数课题组

2023 年 7 月 15 日